華語兒童口腔動作檢核表

Oral Motor Assessment Checklist for Mandarin Speaking Children
（OMAC）

指導手冊

黃瑞珍、蔣孝玉、羅羿翾、曾尹霆、陳嘉玲　編製

編製者簡介

黃瑞珍

學歷：美國奧瑞岡大學語言治療哲學博士

經歷：臺北市立大學特殊教育學系暨語言治療碩士學位學程副教授兼主任

著作：《優質 IEP：以特教學生需求為本位的設計與目標管理》

《華語兒童語言樣本分析：使用手冊》（CLSA）

《華語兒童口腔動作檢核表》（OMAC）

《零歲至三歲華語嬰幼兒溝通及語言篩檢測驗》（CLST）

《華語兒童理解與表達詞彙測驗》（REVT）

《華語學齡兒童溝通及語言能力測驗》（TCLA）

（皆為合著）

榮譽：臺灣第一屆師鐸獎、台灣聽力語言學會學術貢獻獎、行政院國家科學委員會最佳學術研究獎、國家第一等服務勳章

蔣孝玉

學歷：臺北市立師範學院（今臺北市立大學）特殊教育系碩士

經歷：新北市私立中和發展中心早療老師

羅羿翾

學歷：臺北市立教育大學（今臺北市立大學）語言治療學程碩士

現職：臺中榮民總醫院耳鼻喉頭頸部語言治療師

經歷：臺大醫院復健部語言治療師

曾尹霆

學歷：國立臺北護理健康大學聽語障礙科學碩士

現職：亞洲大學聽力暨語言治療學系助理教授級專業技術員

台灣聽力語言學會理事

經歷：臺大醫院基因醫學部臨床研究醫事人員語言治療師

臺大醫院復健部暨早療中心語言治療師

台北市語言治療師公會理事

台灣在宅醫療學會理事

陳嘉玲

學歷：長庚大學臨床醫學博士

現職：長庚大學早期療育研究所教授兼所長

長庚紀念醫院兒童分院兒童復健科主任

長庚紀念醫院復健科主治醫師

經歷：美國費城兒童醫院研究員

誌謝

　　《華語兒童口腔動作檢核表》歷經十多年斷斷續續的努力，終於付梓。回溯過程，最早開始於 2005 年由第二作者蔣孝玉老師先行整理國外的文獻，並完成試探性研究，發表碩士論文《兒童口腔動作檢核表編製之研究》。雖然又過了十年，國內語言治療的專業需求仍將口腔動作的評估列為重要的選項，也促使再次修訂本檢核表的動機。當決定本研發工作時，有了更多專業人員參與，首先感謝臺中榮總羅羿翾語言治療師的投入，協助檢核表信度的建立、並進行臨床測試與個案研究。接著感謝臺大醫院曾尹霆語言治療師，因著她的專業將「向度二、進食能力」的評估做了完整有架構的整理。最後是感謝長庚大學早療所陳嘉玲醫師的投入，修改所有與兒童口腔動作有關之生理、病理，使其更有效度。

　　除此，還要特別感謝許久以來一直支持我們團隊的施測工作者──臺北市文山區幼兒園蘇信如園長，她總是充滿熱情的提供參與者（包含幼兒家長及老師們）進行本檢核表之修訂。最後謝謝本檢核表編輯何維榆小姐，她的專業、細心、耐心讓這份檢核表更臻完善。期盼使用者都能輕易閱讀、有效使用，並幫助所有需要的兒童及父母。

　　總之，開啟本檢核表之編製及完成出版，一晃眼已過了十二年，內心滿滿的感恩，因為這是一件奇妙的工作，很難相信它終究還是呈現在大家的面前了。

　　把一切成就與榮耀歸給天上的父　主耶穌基督，因著祂的智慧與供應，總是在需要的時候就有適當的專業者出現參與研發。真的，行在祂的旨意裡，在祂沒有難成的事！阿門！

黃瑞珍

2017 仲夏

目錄

壹、緒論

　　口腔動作係指運用上頜骨、下頜骨、上下唇、臉頰、舌頭、牙齒、口腔底部的肌肉群、硬顎、軟顎、小舌以及前後咽門等口腔結構，進行吸吮、咬、咀嚼、形成食團、吞嚥液體和食物等活動，以及聲音和言語之產生。兒童口腔動作能力表現可從觀察其臉部外觀、臉部動作功能性、口腔構造和進食能力、口腔動作控制能力等面向來評估。有些兒童的生理發展情形與典型兒童的發展有異，可能會出現多種不同的表現情形，例如：臉部、口部外觀異常如腦性麻痺、唇顎裂者，或是某些症候群之兒童在吸吮時雙唇無法緊閉、舌頭外突、無法或延遲啟動吞嚥反射、頜骨運動異常等，導致食物咀嚼不完全並合併進食困難。當這群兒童隨著年齡增長，開始使用口語表達時，清晰度會受到影響，導致產生與人溝通的問題（Bahr & Hillis, 2001）。

　　嬰兒口腔構造的改變開始於出生四到六個月時（Morris & Klein, 2000），若口腔結構發展異常，在攝食液體時經常會有將液體吸入肺部之情形發生，有些早產兒需要以胃造口術或胃管灌食法的方式餵食。由於未能自然進食，缺乏口腔動作方面的刺激，這些嬰兒經常合併進食方面的困難（Jones, Gleason, & Lipstein, 1991）。除此，某些神經動作障礙之兒童，會存有一些應已被整合的反射動作，包括覓食反射、吸吮反射、咬合反射、抓握反射動作等。這些反射動作與兒童早期進食時的口腔動作功能有緊密關係，多數反射動作都有助於嬰兒營養的攝取，對嬰兒生命的延續非常重要。反射動作出現有一定的時間，有些反射動作在嬰兒出生後數個月

間會自動消失，因此，反射動作是否保留或退除成為評估幼兒顱內神經系統發展的重要指標（廖華芳，2004；Mclaughlin, 1998）。

此外，有些因神經動作障礙而產生言語動作困難之吶吃症兒童，此障礙會影響兒童控制口腔動作運動之能力，使得兒童在說話時，其呼吸、發音、共鳴、構音與說話韻律上有異常，他們也需要評估口腔動作功能以了解吶吃症之嚴重情形（Freed, 2000）。Paul 和 Norbury（2012）認為，不論是何種因素導致之口語表達清晰度困難的構音障礙兒童，均需要評估整體的口腔構造及口腔動作控制功能，以了解兒童構音異常之原因。

國外兒童口腔動作相關評估工具琳瑯滿目，例如：*Neonatal Oral-Motor Assessment Scale*（NOMAS）（Braun & Palmer, 1986）、*Verbal Motor Production Assessment for Children*（VMPAC）（Hayden & Square, 1999）、*Developmental Pre-Feeding Checklist*（Morris & Klein, 2000）、*Schedule for Oral-Motor Assessment*（SOMA）（Reilly, Skuse, & Wolke, 2000）、*Motor Speech Disorders Evaluation*（American Speech-Language-Hearing Association, 2016）、*Examination of Speech Mechanism*（Paul & Norbury, 2012）、*Sample Oral-Peripheral Examination Form*（Gironda, Musayeva, & Fabus, 2012）等。每一項工具之評估內容及目的將於本手冊第二章文獻探討中簡要介紹。

國內探討兒童口腔動作之研究不多，例如：《比較使用圓形及十字孔奶嘴於慢性肺疾病早產兒之餵食成效、口腔動作協調性及生理之影響》（高惠美，2007）、《唐氏症兒童音韻覺識構音音韻與口腔動作能力之研究》（李廣韻，2007）、《口腔動作訓練及傳統構音治療對提升學齡前構音異常兒童口語清晰度之研究》（羅羿翾，2010）、《四到六歲構音障礙兒童口腔動作和動作表現相關性》（邱千綺，2013）等。國內對於兒童言語或口腔動作所發展的評估量表相關研究，有《中文版三至六歲兒童口語動作評估量表之編製研究》（張筱君，2009），此量表係以英文版的 *Verbal*

Motor Production Assessment for Children（VMPAC）（Hayden & Square, 1999）為基礎修訂而成，內容著重於口語相關的口腔動作，偏重於兒童期言語失用症的檢核。另一篇為《兒童口腔動作檢核表編製之研究》（蔣孝玉，2005），評估內容包含三個向度，向度一：頭部、面部及口腔構造；向度二：進食能力；向度三：口腔動作控制，共三部分，也成為本次編製《華語兒童口腔動作檢核表》（*Oral Motor Assessment Checklist for Mandarin Speaking Children*，以下簡稱 OMAC）之藍本。

　　OMAC 所有內容皆著重於兒童發展，完全不同於以往沿用成人的檢核方式，例如：〈床邊吞嚥困難評估表〉與〈口腔運作功能檢查表〉（歐陽來祥編著，2008）。因此，期盼本檢核表能提供客觀且系統之標準化檢核過程，讓語言治療師、職能治療師、物理治療師、醫師、特教老師能夠了解進食困難、口語表達清晰度不佳之構音異常兒童的口腔動作能力，作為日後療育或建立治療目標與活動設計之參考；並可以持續追蹤兒童能力改善情形之量化數值變化；亦可讓幼兒園教師、家長初步了解幼兒可能的問題，進行簡單的觀察，若有需要者可進一步將資料交由專業人員做更深入的評估及檢查。

貳、文獻探討

　　良好的口腔動作對兒童口語發展和獲得足夠的營養非常重要，兒童必須先具備完善的生理組織結構及功能，才可確保口腔動作功能無礙。因此本章第一節先說明兒童頭頸、臉、唇、下頜骨、舌頭、硬顎、軟顎和齒列咬合等構造與功能。第二節從進食的角度，檢核嬰幼兒吸吮、吞嚥、咀嚼能力的發展，這些功能與兒童控制頜骨、舌頭、臉頰和嘴唇運動是同時發展。第三節探討評估兒童口腔動作控制能力的方法，以了解口腔結構和功能整合影響兒童說話的清晰度之程度。第四節介紹國內外兒童口腔動作評估工具，作為編製本檢核表之參考。

一、頭、臉部和口腔構造與功能

　　幼兒出生四到六個月時口腔構造開始改變，且在出生第一年間持續的發展。隨著幼兒頜骨向下、向前的生長，幼兒口腔內的空間增加，臉頰上的頰脂體開始被吸收掉，口腔垂直面變長，加上幼兒的頭部變大，幼兒口腔空間亦隨之加大，舌頭有更多空間可移動。原來非自主性的吸吮反射動作模式也開始變為自主性的吸吮模式（Morris & Klein, 2000）。幼兒約在出生後三年，其口腔結構發展會愈來愈像成人（Kent, 1999; Lange, Cook, Dunning, Froeschle, & Kent, 1999），此階段中嬰幼兒的口腔結構改變包括以下數項（Bahr & Hillis, 2001）：

1. 口腔空間增大。
2. 下頜骨和其他臉部骨頭結構的生長。
3. 臉頰上的頰脂體消失。
4. 舌頭的肌肉張力增加以及更有技巧的運動。
5. 喉部降低。
6. 會厭軟骨和軟顎的分離。
7. 喉部發展出更熟練的運動，像是吞嚥時喉部的升高。

　　除了以上嬰幼兒口腔結構的改變外，嬰兒大約在六至八個月左右開始長牙，十六個月左右上下第一顆大臼齒的咬合面能夠相互接觸，此為頜骨能穩定閉合之表徵（Kent, 1999）。

　　不僅在進食及喝水的過程，口腔結構及動作非常重要，在言語產生的過程，頜骨穩定性的發展也是非常重要的。口語產生聲音時，頜骨及牙齒提供重要的接觸點（Kent, 1999; Lange et al., 1999）。例如：當幼兒穩定舌頭後半部時，舌尖和牙齒能共同產生說話聲音（ㄅ、ㄊ、ㄋ、ㄌ等）；幼兒維持雙唇閉合以及使臉頰靠近牙齒的能力增加，協助幼兒維持口腔內有一定的壓力，使吞嚥模式更加的成熟及產生精確的言語。嬰兒出生後第一、二年間是雙唇快速生長階段；前三年間，舌頭的運動變得更獨立，不隨著頜骨的運動而動，這讓嬰幼兒能夠用舌頭將溝（sulci）處或臼齒上的食物收回至舌頭上，以及產生各種不同的說話聲音（Bahr & Hillis, 2001）。以下將簡要說明每項部位扮演與口腔動作相關的功能。

（一）頭頸

　　觀察兒童頭頸靜止時的姿勢時，是否維持在身體中線位置，或是有稍微向前、頭部及肩膀下垂的情形。如果兒童有肩膀下垂、聳雙肩力弱和頭

轉向無力等情形，會使得呼吸量降低影響說話音量，以及聲道構造被改變而不利於聲音的共鳴，亦會影響進食的穩定度（Gironda, Musayeva, & Fabus, 2012）。

（二）臉

先天或後天的臉部構造或神經異常可能會造成言語和進食的問題。例如：唐氏症候群患者，其舌頭比較大、口腔肌肉張力低，因此有吸吮力差、咀嚼功能不佳等進食困難，同時也包含構音異常、言語清晰度不佳、嗓音嘶啞等言語異常。神經損傷造成的顏面異常，如：腦性麻痺患者，其常見的顏面神經肌肉異常包括：肌肉協調性差、肌肉僵直、肌無力、吞嚥及說話困難以及顫抖等症狀，同時患者也可能會有觸覺、視覺及聽覺等感官損失。評估時可請個案做抬眉、皺眉、緊閉雙眼、露齒、微笑等動作，以評估臉部肌肉神經功能整合對口腔動作能力的影響。

（三）唇

觀察兒童雙唇，首先必須先檢查其雙唇結構的完整性，先排除是否有唇顎裂的情形。唇顎裂可能會造成食物逆流至鼻腔、吸吮功能變差、構音異常、鼻音過度、鼻漏氣以及耳道感染等問題。若單純只是上唇有裂縫，稱為唇裂；若裂縫延伸至口內硬顎或更內部的軟顎部位，稱為唇顎裂；有時僅口腔內之上顎或軟顎裂開而外表正常，則稱為顎裂。唇顎裂常包含上顎裂到鼻腔，甚至裂到耳朵都有可能；裂口可能發生於在嘴唇或下顎的單側、雙側或是中間（Morris & Klein, 2000）。

評估者可觀察兒童於咀嚼時，或是在不同的頭部姿勢中，或是下巴在咀嚼食物跟著移動時，是否能維持唇部閉合。此時請兒童移動下巴，同時要求其維持雙唇閉合或是要求他的雙唇含住吸管、湯匙或叉子。神經性損

傷的兒童可能出現雙唇閉合能力不足，評估者可觀察個案雙唇在靜止下的構造是否有單側／雙側唇裂、單側／雙側下垂。除此，也須評估雙唇運動的功能性，如：微笑動作是否對稱，嘟嘴、鼓頰後在外力輕按單／雙頰時雙唇是否能將空氣保留在口中（Shipley & McAfee, 2009）。

（四）下頜骨

為了觀察下頜骨是否鬆弛，可請兒童於張大嘴時了解下頜骨是否偏向一側，同時觀察其大小和上下開闔的速度及範圍。下頜骨咬合不正，可能會導致唇部無法張大或難以閉合，影響咀嚼動作或進食。另外，還需要評估下頜骨動作的對稱性，下頜骨張開動作無偏移、在中線位置。如果下頜骨動作不對稱，需要進一步做神經肌肉的感覺及運動檢查，並且評估是否因此影響個案構音和咀嚼食物的能力（Duffy, 2012）。

（五）舌頭

舌頭是主要的構音器官之一，在進食當中也扮演了重要的角色，包括口腔前期參與食物咀嚼動作，以及口腔期將食物含住形成食糰，然後將食糰後送至咽部。嬰兒與幼童口腔咽部構造與成人不同，嬰兒的舌頭充滿了口腔，兩頰內部充滿了厚厚的頰脂體，有助於吸吮奶水；嬰兒的舌骨與喉部較成人位置高，當嬰兒吸奶時，舌頭做出重複抽吸動作，奶水因此被蒐集到硬顎或是會厭谿空腔（vallecula pocket），以提供呼吸道保護（Duffy, 2012）。

舌頭構造的評估，可先於靜止狀態時觀察舌頭顏色、大小、兩邊是否對稱、萎縮及舌頭表面是否有不自主的肌束震顫動作。接著可在舌頭運動時評估，如請兒童伸出舌頭並維持姿勢，觀察舌頭是否偏向一側；舌頭左右擺動時動作是否對稱；伸出、縮回舌頭、舌頭舔上下唇、彈舌等動作是

否順暢；以及用舌頭抵住臉頰並在臉頰外施以內推的外力時，舌頭是否能抵抗外力。如此評估以利了解舌頭結構與功能是否影響兒童口腔動作表現（Gironda, Musayeva, & Fabus, 2012）。

舌繫帶方面，依據 Gironda、Musayeva 和 Fabus（2012）表示多數舌繫帶短的個案在構音上並無負面的影響，但某些個案的舌頭和牙槽間（lingual-velar）的構音以及舌齒間（linguadental）子音會因舌繫帶短（舌頭運動降低）而受到影響。因此評估中可請兒童抬高舌頭、觀察舌繫帶長短之情形。

（六）硬顎

觀察硬顎顏色構造是否隆凸過高、弧形窄，或有裂開的情形。若硬顎某處有顏色過深呈暗紅色時，可能是隱性顎裂之表徵。硬顎隆凸過高、弧形窄，對需要使用硬顎方面的發音可能有影響（Gironda, Musayeva, & Fabus, 2012），例如：ㄐ、ㄑ、ㄒ、ㄗ、ㄘ、ㄙ、ㄓ、ㄔ、ㄕ、ㄖ等。

（七）軟顎與懸壅垂

在硬顎之後是軟顎，軟顎是由肌肉與其他軟組織所組成，並且充滿了神經、血管與腺體，由粘膜包覆著以協助軟顎移動。這項移動功能在吞嚥與發聲方面扮演相當重要的位置。軟顎靜止時下垂到咽的部位，使上方的鼻腔與下方的咽腔得以相通，氣流可以自由地由鼻腔進出呼吸系統，聲波同樣可以進入鼻腔形成共鳴。在吞嚥及發出非鼻音語音時，軟顎會向上向後與硬顎及後咽壁接觸，於口腔及鼻腔之間形成一道藩籬，使食物或空氣、聲波不會進入鼻腔，此種功能稱為顎咽閉鎖功能。

軟顎及懸壅垂的檢查，首先觀察軟顎和懸壅垂的結構，是否左右歪斜、裂開或有裂痕的情形。若兒童舌後部太高阻擋視線，請家長協助用手

指纏布（確定兒童無咬合反射）或用棉花棒／壓舌棒，壓舌前 1/3 處觀察之。較年幼兒童不易觀察軟顎和懸壅垂上抬的情形，盡量趁哭時或在停止哭聲又隨即哭之間觀察；年齡稍長（二歲以上）能聽從指令的兒童，可以在要求下張大嘴、頭微後仰及間斷的發ㄚ音四至五次。施測者用小手電筒白燈照明下觀察軟顎和懸壅垂在發聲時一同迅速提起的動作是否對稱。若懸壅垂上抬時偏向某一側，表示對側肌肉或神經受損而呈現不完整動作或完全無動作，導致懸壅垂看起來是左右不對稱的狀態。

顎咽閉鎖功能的檢查，可用鼓頰活動做簡單的測試。在不捏鼻子的情形下，請個案做閉嘴鼓頰同時閉氣的動作，再將鏡子或用手指置於個案鼻下，若鏡面有霧氣或手指感到氣流則表示顎咽閉鎖功能不良。

（八）牙齒和齒列咬合

牙齒在雙唇後方排成上下兩列，稱為齒列。兒童二歲左右長齊 20 顆乳牙。牙齒嵌在上頜與下顎的齒槽中。在咬食物、切食物和咀嚼食物時，牙齒是不可缺乏的一員。牙齒在言語構音上也扮演著重要的角色，牙齒是固定的構音器官，舌頭可與牙齒接觸形成構音閥門，將氣流與聲波引導到適當的位置。牙齒在引導氣流發出ㄒ、ㄙ音時尤其重要，牙齒可以形成阻礙來增加擾流，使這個音聽起來更正確。

上下齒列的相關位置必須是適當的，否則會影響進食及構音。咬合是指上下齒弓位置與其各顆牙齒位置的相對關係。上下齒弓位置與牙齒位置發生無適當關係稱為咬合不正。安格氏將咬合分成三級（見圖 2-1）：

第一級咬合：也稱為正常閉合（neutrocclusion）。這是正常的咬合關係，上齒弓在前側蓋過下齒弓，上門牙蓋住下門牙，所以下門牙只露出一部分（Seikel, King, & Drumright, 1997）。在這種關係中，各顆牙齒可能沒有排列整齊或是有旋轉現象，不過其咬合是正常的。

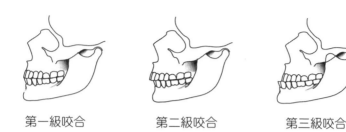

第一級咬合　　　　　第二級咬合　　　　　第三級咬合

圖 2-1　牙齒的咬合

資料來源：林珮瑜、何恬、李芳宜、林香均、李沛群、蔡昆憲（譯）（2006）。言語科學－理論與臨床應用（頁192）。臺北：心理。

　　第二級咬合：通常稱為遠側斜位閉合不良（distocclu-sion）。在這種關係中，下顎的第一顆臼齒位在正確位置後方，造成下頜往後移或是後縮，也就是水平咬合過度。這種咬合不正通常是由於小顎畸形，使得下顎相對比上頜小造成。

　　第三級咬合：也就是內斜位閉合（mesiocclusion）。在這種關係中，下顎的第一顆臼齒位在正常位置的前方，使下顎向前突出太多，也就是所謂的戽斗。這種咬合問題和第二級咬合問題類似，通常與顱顏病症有關。

　　嬰幼兒童的進食及言語能力是由精細的口腔動作所產生，首先必須具備完整且良好的生理組織結構及功能。上述內文從頭頸、臉、唇、下頜骨、舌頭、硬顎、軟顎和齒列咬合，以及嬰幼兒童口咽喉部的發展等，可了解口腔之結構和功能，以此確認生理構造是否為造成嬰幼兒童的進食問題或言語問題的因素之一，因此，本節所介紹的口腔結構及功能作為OMAC 向度一「頭、臉部和口腔構造與功能」題項之重要依據。

二、嬰幼兒進食能力的發展

從進食的角度來看兒童口腔動作功能發展，需觀察口腔結構間彼此整合的技能，包括吸吮－吞嚥－呼吸間的連續運動，這些功能與幼兒控制頜骨、舌頭、臉頰和嘴唇運動是同時發展的，促使幼兒能有更成熟的進食模式（Case-Smith & Humphry, 1996）。本節整理自 *Anatomy, physiology, and development of feeding*（Arvedson & Lefton-Greif, 1996）、*Developmental Pre-Feeding Checklist*（Morris & Klein, 2000）及 *Schedule for Oral-Motor Assessment*（SOMA）（Reilly, Skuse, & Wolke, 2000）。從以下三方面分別介紹 0 至 24 個月典型嬰幼兒吸吮、吞嚥、咀嚼能力的發展：

（一）吸吮與喝的能力發展

嬰兒剛出生即出現覓食、吸吮－吞嚥以及咬合等口腔反射動作，且毫無困難的自母親乳房或奶嘴攝食液體，接著學習用有蓋的鴨嘴杯喝液體，用吸管喝液體，到二歲已能穩定的用一般杯子喝液體。關於嬰幼兒吸吮與喝的能力發展情形整理如表 2-1。

表 2-1　嬰幼兒 0 至 24 個月吸吮和喝的能力發展

年齡	吸吮、喝液體技能
出生	・嬰兒出現覓食反射、吸吮－吞嚥和咬合反射。 ・以吸吮的方式自母親乳房或奶嘴攝食。
4 個月	・逐漸發展成舌頭主動上－下的運動吸吮特質。
6 個月	・吸吮時舌頭有力的上－下運動。 ・舌頭和下頜骨的動作是一起的。
7～8 個月	・可嘗試用一般杯子喝水，一口一口的喝，還不會控制液體的量。 ・液體常自嘴邊流出，且因動作不協調而咳嗽。 ・會用舌頭和下頜骨上－下運動的方式吸吮固體食物。
9～12 個月	・仍以奶瓶餵食嬰兒。 ・嬰兒運用有力的吸吮模式，使用有蓋的鴨嘴杯喝水，可連續喝三口。 ・會使用吸管。
18 個月	・會運用舌頭上－下的吸吮模式自杯中攝取液體。 ・用牙齒咬住杯緣以增加頜骨的穩定性。 ・上唇接近杯緣使嘴唇形成一小空間方便攝取液體。 ・舌頭升高將液體帶入口中。
24 個月	・能用一般杯子喝液體，並輕易的閉合雙唇不使液體流出。 ・可觀察到長時間連續性的吸吮—吞嚥。

（二）吸吮、吞嚥和呼吸間的協調合作

　　隨著嬰幼兒對頜骨、舌頭、唇部運動的控制更加純熟，學習協調並運用連續口腔運動，使嬰幼兒在吸吮、吞嚥和呼吸之間具有韻律節奏。在嬰幼兒餵食過程中，比起任何一項口腔結構的發展，口腔結構間彼此的協調可能是更重要的部分（Case-Smith & Humphry, 1996）。嬰幼兒吸吮、吞嚥和呼吸間的合作協調能力發展情形整理如表 2-2。

表 2-2　嬰幼兒 0 至 18 個月吸吮、吞嚥和呼吸間的協調能力發展

年齡	吸吮、吞嚥和呼吸間的協調能力
出生	此階段嬰兒喝奶的節奏是非節律性的。剛開始是爆發性的吸吮然後休息，每吸吮一次便吞嚥一次，然後呼吸一次；待嬰兒的飢餓被滿足後，吸吮及吞嚥的節律改變，連續吸二至三口後才吞下。
3～4 個月	此階段嬰兒吸吮、吞嚥、呼吸之間的協調仍不穩定。吸吮過程中，連續吸四至五次之後才吞嚥液體，在吞嚥的過程中仍然繼續吸吮。由於吸吮、吞嚥、呼吸之間的協調性尚未穩定，因此會有咳嗽或嗆到的情形發生。
9 個月	此階段嬰兒已經可以學習自杯子吸吮液體，能夠在吸一至三口液體的同時保持呼吸暫停，並且在暫停呼吸的時候吞嚥，吞嚥完成後才恢復呼吸。
12 個月	此階段嬰兒的吸吮較有效率，並且不會嗆咳。吸吮與吞嚥液體之間不中斷，連續吸四至五次之後才吞嚥液體，連續吞嚥三次才需要休息。當液體流量很少時，吸吮仍有效率不會嗆咳。
15～18 個月	此階段幼兒的吸吮、吞嚥及呼吸三者之間的協調性已達到精熟，自杯子喝液體時，從吸吮到吞嚥之間不需中斷。連續吞嚥三次之後才需要暫停休息。很少發生咳嗽或嗆到的情形。

（三）咬合與咀嚼的能力發展

　　嬰兒剛出生時，其咬合和咀嚼動作多是反射性的動作。隨著生理發展漸趨成熟，其臉部肌肉力量增加、頜骨動作更加穩定、頜骨和舌頭的動作可分別獨立執行，兒童逐漸能吃各種不同的食物，包括液體、濃稠物、半固體和一般的食物。除了能獲取成長所需的營養之外，也為日後口語發展奠定口腔動作協調之基礎。嬰幼兒咬合和咀嚼能力發展情形整理如表 2-3。

表 2-3　嬰幼兒 0 至 24 個月咬合與咀嚼的能力發展

年齡	咬合與咀嚼能力
4～5 個月前	・咬和咀嚼是反射性的動作。
7～8 個月	・可吃糊狀的食物。 ・可吃小塊嬰兒餅乾和半固體食物。 ・此時頜骨能托住餅乾、不讓餅乾掉落，但還無法將餅乾咬斷。 ・唇部動作更靈活。
9～12 個月	・出現斜向旋轉的咀嚼動作。 ・下頜骨更加穩定，可咬斷固體食物。 ・運用各種不同的力量咬餅乾。 ・唇部動作靈活，頜骨進行上－下移動的動作時，雙唇閉合。
18 個月	・下頜骨旋轉以咀嚼食物的協調動作良好。 ・可吃不同質地的固體食物。 ・咀嚼時雙唇跟著改變動作。 ・舌頭的移動性更好、能更有效率的移動口中的食物。
24 個月	・能吃大多數的肉類和菜類。 ・能用不同的力量咬固體食物。 ・頜骨繞圈般的旋轉運動出現。 ・舌頭能將食物從口腔的一邊運送至另一邊。 ・舌頭清理唇上和齒齦內食物的技能熟練。 ・咀嚼時雙唇閉合防止食物或液體自口中流出。

　　幼兒從吸吮乳頭液體的階段發展成熟至能夠使用杯子喝液體，頜骨從上下用力咬的階段發展成熟至以繞圈般的旋轉動作咀嚼食物，以及吸吮、吞嚥、呼吸間的合作協調能力發展，大約都在兒童二歲左右已發展穩定，但仍需時間練習更精細的口腔動作。以上整理可說明二歲左右兒童大致發展完成未來所需的進食技巧和口腔動作，以此作為OMAC向度二「進食能力」題項之重要依據。

三、兒童口腔動作控制

　　兒童進食或說話時需要具備良好的口腔動作及協調性，若是頜骨與臉部肌肉、顱骨與下頜連結處控制不好，會造成唇、舌、下頜運動的不靈活；或是呼吸運動和發聲器官之間不協調，亦影響是否能提供足夠的氣流以支持言語產生（Boehme, 1990; Morris & Klein, 2000）。此外，嘴唇的展圓、口腔的開閉、舌頭的高低前後等肌肉張力問題若不能配合得恰到好處，也會導致在吃、喝、說話及臉部情緒表達上有困難（Redstone, 1991）。意即口腔動作不協調，可能造成發聲器官之間碰觸面及速度不正確，而引起說話清晰度異常（李淑娥，1998；賴湘君，1987）。

　　發聲器官的協調性可以藉由口腔動作變換的速度和能力來評估，包括：雙唇、舌頭、下顎快速準確執行言語動作的能力及器官結構完整性（黃瑞珍、郭于靚審閱，2008；Williams & Stackhouse, 2000）。其中，言語口腔輪替動作（diadochokinesis，DDK）可測試變換構音動作的速度與能力，在臨床上常被用於檢查言語動作功能，也可作為診斷及治療言語動作機轉。DDK的指標其一為改變動作速率（alternating motion rates，AMR），其二為連續動作速率（sequential motion rates，SMR）。AMR是指快速的重複說單音節音，如ㄆㄚ、ㄆㄚ、ㄆㄚ……，記錄音節的速度和節奏，以評估單音節構音動作的協調能力（黃瑞珍、郭于靚審閱，2008），執行時，發聲器官必須快速協調重複移動至正確構音位置以產出構音（Williams & Stackhouse, 2000）。至於SMR是指快速地重複說二音節音（ㄅㄚㄆㄚ、ㄅㄚㄊㄚ）或三音節音（ㄆㄚㄊㄚㄎㄚ）等評估多音節構音動作的協調能力（黃瑞珍、郭于靚審閱，2008），執行時，構音器官需快速地、重複發

出音節的輪替（Williams & Stackhouse, 2000）。

　　AMR 與 SMR 速率不佳可能是由於言語呼吸支持不足或發聲異常所致；說話過慢或過快可能顯示口腔動作的問題；下頜與唇沒有節奏與規則的移動，其口腔動作的問題與吶吃有關（黃瑞珍、郭于靚審閱，2008；Williams & Stackhouse, 2000）。執行言語口腔輪替動作時的不流暢次數過多，可能是口吃的重要指標（Yaruss & Logan, 2002）。SMR 亦有助於測出言語失用症之情形，通常言語失用症（發展性言語失用症、兒童期言語失用症）患者可順利達成 AMR 測驗，卻無法完成 SMR 的目標，會有動作起始延遲、語音替代、不正確的音節排序，以及為尋找正確語音位置所產生的構音搜尋動作（王南梅、陳雅資、黃婷群譯，2007）。

　　四歲至五歲是兒童言語口腔輪替動作速率逐漸增加的階段，使用正確及穩定構音執行口腔輪替動作的能力也趨於成熟（Williams & Stackhouse, 2000; Yaruss & Logan, 2002），且不因兒童性別而有差異（賴佩汝，2013）。因此，言語口腔輪替動作可以用來評估此年齡層兒童口腔動作功能（Williams & Stackhouse, 2000），亦可評估及診斷各類兒童言語異常病理，如：構音／音韻異常、吶吃、發展性言語失用症及兒童期言語失用症（王南梅、陳雅資、黃婷群譯，2007；黃瑞珍、郭于靚審閱，2008；Williams & Stackhouse, 2000; Yaruss & Logan, 2002）。

　　根據 Strode 和 Chamberlain（1997）的定義認為，口腔動作訓練是藉由感覺動作和口腔動作的介入，以促進構音動作技巧發展，幫助兒童習得言語動作技巧與構音動作記憶，使之發出目標音時，發聲器官能正確擺位。提倡口腔動作訓練的學者認為，透過不同的技巧與程序能有效改善言語問題（Ray, 2003）。口腔動作技巧是說話技巧的基礎（Alcock, 2006），因口腔動作不靈活而導致構音異常的兒童，可藉由口腔動作訓練來提升其口腔動作精確性及一致性，以促進說話之清晰度（Forrest, 2002）。

Lass、Pannbacker、Carroll 和 Fax（2006）透過問卷調查美國 122 名語言治療師，絕大多數受訪者（80.3%）在臨床上均使用口腔動作訓練來進行語言障礙個案的評估或治療介入。Lof 和 Watson（2008）隨機調查美國兩千名語言治療師使用口腔動作訓練於構音異常個案的情況，多數認為口腔動作訓練是為治療活動進行構音器官的暖身，可協助兒童改善言語問題。對構音異常兒童進行介入時，口腔動作訓練應優先於言語治療，或者與之同時進行（Ruscello, 2008），且大部分的構音治療方式皆是以口腔動作為基礎，著重於兒童錯誤語音的矯治（Powell, 2008）。

雖然口腔動作訓練的使用很普及，然而，口腔動作訓練在臨床上處置構音異常兒童的應用與限制，受到語言複雜性及因果性、治療師策略、參與者回應、倫理及實驗等因素影響（Lof & Watson, 2008; Powell, 2008; Ruscello, 2008），目前臨床上尚無充分證據支持口腔動作訓練對於構音異常兒童的介入是有效的方式（Ruscello, 2008）。Forrest（2002）指出，口腔動作訓練目前尚未被証實是治療構音異常兒童的正統方法。亦有實證研究發現，口腔動作訓練對構音矯正無明顯作用，原因可能是學會簡單的口腔動作未必代表能精熟複雜的言語活動，亦即將言語動作拆解成小部分練習，並無法促進此複雜行為的習得；又或者，可能的確存在著促進語音習得的口腔動作訓練程序，只是目前尚未確定適當的方法。正因為如此，以口腔動作來治療構音異常個案的理想治療程序仍有待發展，其中亦需考量到言語的複雜性與組織性。

從醫學文獻資料庫（medlars online）和護理與醫療相關文獻資料庫（cumulative index to nursing and allied health literature）等電子資料庫進行系統化的文獻搜尋，將口腔動作訓練的實證研究做一詳細探討，可發現有些研究以強烈觀點給予口腔動作訓練負面的評價，例如：反對使用口腔動作訓練來矯正說話清晰度。至今，口腔動作訓練仍具爭議性，當未來有足夠

證據支持口腔動作訓練成效時，其才有可能成為主流的標準治療方法（Lass & Pannbacker, 2008）。

由此可知，國外多數相關研究認為口腔動作訓練不能當作是言語習得的基礎（Forrest, 2002）。但 Nimisha、Katie 和 Tim（2011）也提出說明，雖然多數研究證據表明口腔動作訓練是無效的，不過臨床人員仍根據專業知識和經驗而將口腔動作訓練廣泛應用於臨床中，其反應了臨床決策並非全然選擇具有實證研究的介入策略。也因此，在未證實口腔動作訓練能有效治療構音異常個案時，應將口腔動作訓練視為構音器官的暖身活動，搭配其他構音治療法進行介入。

OMAC 向度三依據上述文獻探討，檢核內容分為口腔動作的結構檢查、基本的口腔動作行為觀察，如咳嗽聲、舌頭畫圈圈……等。再加上口腔構音動作的速度與變換能力測試，例如：10 秒內發「ㄚ」的次數，或「ㄅㄚㄆㄚ」的次數等。

四、國內外兒童口腔動作評估工具簡介

本節介紹國內外有關口腔動作的評量工具。第一部分介紹國內相關的評估工具，國內目前相關的評估工具數量不多，且在質與量上相較於美國仍有許多的發展空間。第二部分介紹國外兒童口腔動作評估工具，數量多且種類豐富。

（一）國內口腔動作檢核工具

1. 口腔構音結構檢查表

〈口腔構音結構檢查表〉（鄭靜宜，2013）適用於運動性言語障礙之患者。評估內容包含：(1)結構部位檢查，包括：唇、舌、軟顎（不含力道）、下顎等部位在靜止／動作／力道方面之表現；牙齒則觀察其缺齒及咬合的情形，並可註明其他異常情形。(2)言語相關功能評估（評估呼吸、發聲、共鳴、口腔輪替運動），以及對患者的整體印象和總評。此項評估以口腔動作模仿為主，直接觀察口腔構造及口腔器官的功能性。此檢核表未提供指導手冊及有結構的紀錄紙讓使用者進行標準化的評估。

（二）美國口腔動作檢核工具

在美國與口腔動作相關的檢核工具種類豐富，從早產兒／新生兒、到青少年、成人，都有適用的檢核工具。以下簡介七種美國常使用的兒童口腔動作檢核工具。

1. Neonatal Oral-Motor Assessment Scale（NOMAS）

NOMAS（Braun, & Palmer, 1986）為一新生兒口腔動作評估表，可用以篩選口腔動作有困難之新生兒或早產兒。主要評估頜骨和舌頭運動之特質，共 28 題，了解新生兒的口腔動作是正常、失調還是有障礙。

2. Verbal Motor Production Assessment for Children（VMPAC）

VMPAC（Hayden & Square, 1999）適用於三至十二歲不同嚴重程度的運動性言語障礙兒童，主要評估兒童整體言語動作系統的發展及相關神經運動系統的完整性。內容包含整體運動控制、局部口腔運動控制、順序的

維持、連續性的說話和言語控制及言語特性等五大部分。

3. Developmental Pre-Feeding Checklist

使用 *Developmental Pre-Feeding Checklist*（Morris & Klein, 2000）檢核的目的，是為了解出生至二歲嬰幼兒在餵食的情況下，其口腔動作能力之表現。檢核內容分兩部分：(1)從生理發展整體性的觀點，依嬰幼兒生理年齡發展過程觀察其口腔動作能力之表現。(2)從餵食姿勢、食物量及口腔動作能力發展的觀點，觀察其各種能力在出生至二歲階段的發展情形。

4. Schedule for Oral-Motor Assessment（SOMA）

SOMA（Reilly, Skuse, & Wolke, 2000）適用於嬰幼兒，評估目的是篩選口腔動作有困難之嬰幼兒。評估內容包含：(1)觀察嬰幼兒吃不同食物（濃稠、半固體、固體、餅乾）時，其唇、舌頭、頜骨之動作能力表現，同時觀察嬰幼兒對食物的反應、口水產出、吞嚥與咬的能力表現。(2)觀察嬰幼兒使用不同餵食器具（奶瓶、訓練杯、杯子）進食時，其唇、舌頭、頜骨之動作能力表現，同時觀察嬰幼兒對餵食器具的接受度，是否有不適當的反應出現以及其吞嚥情形如何。

5. Motor Speech Disorders Evaluation

此檢核表為美國語言聽力協會（American Speech-Language-Hearing Association, 2016）在其網站上所提供的評估量表，評估內容包括：(1)基本資料、醫療史。(2)主觀／病人報告。(3)客觀／非正式評估。(4)精神狀態。(5)口腔動作、呼吸和發聲：唇、舌頭、下頜骨、軟顎在靜止和動作時的對稱、動作範圍、速度、力量等；在發聲、朗讀、談話活動中觀察音質、持續時間、音量；口腔輪替動作表現。(6)言語清晰度。(7)治療計畫：長、短期目標。

6. Examination of Speech Mechanism

Examination of Speech Mechanism（Paul & Norbury, 2012）適用於嬰幼兒至成人，評估目的是篩選口腔動作有困難之患者。評估內容包括：(1)臉部及頭部外觀。(2)臉部功能性。(3)口腔內部檢查：除觀察構造組織是否異常之外，也評估舌頭動作表現、吞嚥能力、輪替運動功能、發聲、呼吸等等。

7. Sample Oral-Peripheral Examination Form

Sample Oral-Peripheral Examination Form（Gironda, Musayeva, & Fabus, 2012）所檢核之內容包括：(1)顏面特徵。(2)頭、頸支持。(3)唇：對稱、開合、噘嘴（purse）、回縮（retract）雙唇、突出（protrude）雙唇。(4)下頜骨：對稱、大小、開合。(5)牙齒：狀況、咬合。(6)舌頭：狀況、舌繫帶、伸出、抬高、下壓、側移。(7)上顎：狀況、輪廓、顎咽閉合、懸壅垂、扁桃體。(8)輪替動作：pa ／ ta ／ ka ／ pataka。(9)吞口水。

以上美國七項檢核工具的使用對象主要以兒童為主，評估內容包含顏面／口腔構造部分、進食情境中觀察口腔動作能力，及兒童口腔動作控制能力，所有評估工具的目的都為檢核口腔動作有問題者。

五、本檢核表之發展

本檢核表參考國內外的評估工具，整理出重要的三個評估向度，架構彙整如表 2-4 所示。

表 2-4　OMAC 架構

向度	向度一	向度二	向度三
	頭、臉部和口腔構造與功能	進食能力	口腔動作控制
題數	13	15	20
總題數	48		

以下簡要介紹 OMAC 各向度的內容。

向度一：頭、臉部和口腔構造與功能

評估兒童頭部支撐、顏面表情動作、臉部／唇部對碰觸的反應，以及唇、硬顎、軟顎、舌頭、牙齒咬合之生理結構和動作等。共 13 題。

向度二：進食能力

評估兒童在進食活動中，包括：吸吮液體、用湯匙餵食、吃流質／濃稠／半固體／固體食物時，口水控制與吞嚥食物等能力。共 15 題。

向度三：口腔動作控制

主要內容是在口腔動作模仿活動中評估兒童口腔動作的能力，包括：模仿唇齒、咳嗽、清喉嚨、雙唇、臉頰、舌頭等動作，和維持發母音「ㄚ」之秒數、10 秒內確實做出「ㄧ、ㄨ」之次數，以及 10 或 20 秒內正確發「ㄆㄚ」、「ㄊㄚ」、「ㄎㄚ」、「ㄅㄚㄆㄚ」、「ㄅㄚㄊㄚ」、「ㄍㄚㄎㄚ」、「ㄆㄚㄊㄚㄎㄚ」之次數。

OMAC 的評估方式是運用物品、遊戲、玩具或食物誘發兒童口腔動作能力，由施測者記錄兒童表現，了解影響口腔動作表現之相關因素；並依評估結果提供關於兒童口腔動作方面整體且完整性之訊息，期能作為診斷

與療育之客觀實證，以供臨床工作者了解兒童口腔動作的表現，提供具體促進口腔動作能力的方法和策略。OMAC 若由老師或是家長進行施測，則是以篩檢為目的，了解兒童可能的問題，並視需要將檢核表結果交由專業人員做深入評估。

參、施測方法

　　OMAC的施測方式主要在兒童進食時和模仿口腔動作活動中，由施測者運用物品、遊戲軟體、玩具或食物增強，以觀察兒童口腔動作能力表現，決定兒童口腔動作表現的通過與否。「通過」表示兒童表現出該項口腔動作行為，「不通過」代表兒童並未出現該項口腔動作行為，或口腔動作行為有出現但能力表現不穩定，並於「兒童表現紀錄」記述兒童口腔動作表現的現況。

一、適用對象

　　OMAC包含三個不同向度，使用者依兒童不同需求，可彈性選擇適合之向度，建議如下：

1. 整體發展遲緩合併進食問題之二歲以上兒童：例如腦性麻痺、多重障礙、染色體異常等，需施測向度一和二，再視其口語能力施測向度三。
2. 構音異常或語言發展遲緩兒童：三歲以上，有顯著言語清晰度問題之構音異常兒童或是疑似語言發展遲緩，但沒有合併進食問題者，僅需施測向度一與三。若也有進食困難者，需要施測向度二。

二、施測者

OMAC 適用於各類臨床專業人員，包括：醫師、語言治療師、職能治療師、物理治療師、特教老師、早療老師等。如為家長或是幼教老師，可使用 OMAC 初步了解幼兒的問題，並視需要可轉介給各類臨床專業人員進行進一步評估。

三、施測所需時間

依兒童配合程度，大約 15 至 30 分鐘可完成施測。

四、輔助材料

為求在檢核中能清楚了解兒童口腔結構、進食期間口腔動作表現、發聲、口腔動作模仿及輪替動作的能力，建議於施測時提供以下輔助材料，以便真實評量兒童的實際表現，輔助材料如下所示。

（一）材料準備

表 3-1　OMAC 各向度建議運用之輔助材料表

向度	輔助材料
一	1. 可套在手上的動物布偶、玩具。 2. 無菌手套、衛生紙。 3. 鏡子、手電筒。 4. 壓舌板、棉花棒。 5. 兒童增強物。
二	1. 湯匙和淺底的碗（或兒童自備的餐具）。 2. 訓練杯、斜口杯。 3. 裝食物的罐子。 4. 壓舌板、棉花棒。 5. 濕紙巾、衛生紙。
三	1. 可套在手上的動物布偶。 2. 鏡子、碼錶、計時器、衛生紙。 3. 有視覺及聲音回饋的遊戲軟體或玩具。 4. 兒童增強物。

（二）食物選擇

　　進行向度二進食能力評估時，建議使用以下食物類型，以觀察兒童進食時的口腔動作能力表現。

1.　液體：牛奶、果汁、開水。

2.　濃稠食物：米糊、米湯、麥糊、濃果汁。

3.　半固體食物：蔬果泥、蒸蛋、布丁等。

4.　固體食物：分為軟質和硬質食物。軟質食物包括嬰兒餅乾、麥片、麵

條、香蕉、木瓜、魚肉、蛋等；硬質食物包括一般餅乾、洋芋片、蘋果切片、剁碎的熟蘿蔔、肉末等。

五、施測要點

　　OMAC的施測方式主要在兒童進食時及模仿活動中，由施測者運用物品、遊戲軟體、玩具或食物增強，觀察兒童自然呈現的口腔動作能力。為了提升施測之容易度，有數項原則說明如下：

1. 評估前與兒童大致說明需模仿做動作和發聲，可運用電腦／智慧型手機、遊戲軟體、有視覺／聲音回饋的玩具、動物布偶，讓兒童玩 3～5 分鐘舒緩情緒，再開始進行施測。

2. 施測時僅給予兒童口腔動作的示範，避免過度要求兒童做出口腔動作技能，讓兒童在自然情境中呈現口腔動作能力。

3. 視評估情形而定，和兄弟姊妹或同儕一起評估，可提高兒童模仿動作的意願。

4. 依兒童年齡、障礙類型／程度、認知情形選擇合適的增強物品。食物增強、電腦遊戲、有視覺／聲音回饋玩具、動物布偶或增強物交替運用。如：

　　向度一：可運用鏡子，讓兒童看自己做抬眉、皺眉動作，或有牙齒的鱷魚或狗的玩具，提高兒童模仿動作和檢查牙齒的意願。

　　向度二：施測時，請父母或主要照顧者協助餵食，施測者從旁觀察兒童口腔動作能力。湯匙餵食選用淺底的湯匙較佳，湯匙出現在兒童嘴前時，湯匙需與兒童的嘴在同一水平面上。

　　向度三：運用鏡子、電腦遊戲、有視覺和聲音回饋的玩具、動物布偶，

誘發兒童動作最大表現。如用吹風車或布偶毛髮測試兒童維持發「丫」的秒數；需兒童模仿發聲的題目可用電腦、智慧型手機下載的遊戲軟體，或其他有視覺及聲音回饋的玩具直接測試。

六、施測流程

（一）第一部分：基本資料

施測者在施測前需將兒童基本資料填寫好，填寫位置在紀錄本首頁的第一部分「基本資料」欄位，包括兒童姓名、性別、出生日期、施測日期、實足年齡、就讀機構／學校、是否為特殊需求兒童和類別、肌肉張力表現、醫療輔助、醫療史、施測者、施測單位、訪談對象。

（二）第二部分：兒童肢體動作／擺位觀察

施測者可於施測前觀察兒童肢體動作情形，並且將個案的姿勢維持在最佳的擺位姿勢才開始進行口腔動作評估，以避免因肢體動作不佳因而造成低估的結果。例如：是否能維持身體動作姿勢（如：獨立坐或呈躺姿或需支持下維持坐／站立的姿勢），在坐／站姿下的肩膀高度（正常，或是升高、單邊傾斜等），是否需要輔助器材支撐以維持姿勢（例如：頭、頸支持，輔助椅或站立架）。

（三）第三部分：兒童發聲特質

從發聲特質可了解兒童其呼吸及聲帶功能。於施測過程中觀察兒童發

聲特質，例如：音量是否適中／正常，還是過小或過大聲；聲音音調是否正常還是有過低、過高之情形；音質是否正常或出現沙啞粗糙、氣息聲、濕濡聲等情形；以及聲音共鳴是否正常或有不同程度的鼻音出現。

（四）施測說明

以下分別說明向度一、二、三所有題目的評估方式，以及施測結果記錄為通過／不通過之標準。

向度一：頭、臉部和口腔結構與功能

1	**對碰觸有反應：輕觸臉部或唇部有反應。** 兒童不足二歲者需訪談家長；二歲後，施測者先告知兒童要用衛生紙輕滑過臉部，再用衛生紙輕滑過幼童的額頭、臉和嘴唇，觀察兒童對衛生紙觸感的反應，例如：閃躲、排斥。若是有任一處沒覺察的情形，則記錄為不通過。
2	**顏面對稱、顏面動作：觀察哭、笑表情對稱，無人中裂開及抽搐現象。** 觀察兒童顏面靜止、微笑、哭泣時，五官、表情的對稱情形，顏面、嘴角無右／左邊下垂、無萎縮、人中無裂開、臉部動作無抽搐或其他現象。只要有任何一項非正常狀態，就不通過。
3	**雙唇對稱、雙唇構造：無嘴角下垂、不對稱、唇裂現象。** 觀察兒童雙唇呈靜止狀態時，無不對稱、雙邊下垂、左／右單邊下垂、唇裂或雙唇顏色過淡等異樣情形。只要有任何一項非正常狀態，就不通過。
4	**張開嘴時，觀察硬顎顏色，無隆凸高、裂開、弧度窄等現象。** 請兒童張大嘴，頭稍微後仰，施測者以小手電筒白燈照明下觀察硬顎。若硬顎某處有顏色過深呈暗紅色時，有可能是隱性顎裂之表徵，建議轉介醫師討論此情形。只要有任何一項非正常狀態，就不通過。
5	**軟顎、懸壅垂構造：上抬動作對稱、無裂開現象。** 請兒童張大嘴，頭微後仰並發「ㄚ」音，施測者以小手電筒白燈照明下觀察。若舌後跟太高阻擋視線，可用棉花棒／壓舌棒，壓舌前 1／3 處觀察懸壅垂。軟顎裂開、懸壅垂裂開或過小會造成顎咽閉鎖不全的問題，可能會有進食時食物從鼻腔流出、說話時鼻音過重的情形。只要有任何一項非正常狀態，就不通過。

6	**維持頭部在身體中線位置：靜止時頭部無歪斜現象。** 兒童在坐兒童高腳椅（椅背90度）且不需要支撐的情況下，能維持頭部在身體中線的位置以及維持頭部動作的穩定。若非正常狀態，則不通過。
7	**舌頭、舌繫帶構造：無過大、過小萎縮及舌繫帶過短現象。** 觀察兒童以舔棒棒糖或冰淇淋誘發的伸舌動作，或模仿伸舌動作時，無舌頭過大、過小、萎縮或舌繫帶過短的情形。只要有任何一項非正常狀態，就不通過。
8	**牙齒咬合（臼齒和門齒）：無第二級、第三級咬合不正現象。** 觀察兒童臼齒和門齒的咬合情形，可在兒童發「C」音、笑、做露齒動作時，觀察兒童牙齒咬合為以下哪一類的咬合。 1. 第一級咬合：為正常閉合。上齒弓在前側蓋過下齒弓，上門牙蓋住下門牙，下門牙只露出一部分。各顆牙齒可能沒有排列整齊或是有旋轉現象，但咬合是正常的。 2. 第二級咬合：為遠側斜位閉合不良。下顎的第一顆臼齒位在正確位置後方，造成下頜往後移或是後縮，也就是水平咬合過度。這種咬合不正通常是由於小顎畸形，使得下顎相對比上頜小造成。 3. 第三級咬合：為內斜位閉合。下顎的第一顆臼齒位在正常位置的前方，使下顎向前突出太多，也就是所謂的戽斗。這種咬合問題和第二級咬合問題類似，通常與齲顏病症有關。 兒童為第一級咬合則通過；若為第二、三級咬合則不通過。

註：上圖由新光吳火獅紀念醫院一般牙科主任胡剛碩醫師提供。

9	頜骨大小、動作整合：頜骨無過大、過小，向下張開動作對稱無歪斜現象。
	施測者將雙手食指放在兒童下頜骨髁，即耳前顳顎關節的位置處，請兒童張大嘴，此時食指會掉入顳顎關節的洞中，施測者的食指會感覺到兒童顳顎關節處的動作是對稱的，下頜骨張開動作無偏移且在中線位置。若兒童無法聽從指令，則觀察其進食時之張口大小、下頜骨動作無偏移且在身體中線位置。只要有任何一項非正常狀態，就不通過。
10	雙眼緊閉：能抗阻用手指扳開雙眼的力量。
	施測者示範做出雙眼緊閉的臉部動作後，兒童能正確模仿做出相同動作。可和兒童玩眼睛力氣大的遊戲，誘發兒童做此動作，即兒童眼睛閉起來之後，施測者用手指打開兒童眼睛，兒童要用力緊閉雙眼不讓眼睛被打開。若兒童眼睛可輕易被打開，就不通過。
11	雙唇閉合：靜止時無經常性張開、流口水等現象。
	兒童在日常生活情境中能維持雙唇閉合，無經常性的張開和流口水。只要有任何一項非正常狀態，就不通過。
12	抬眉：會模仿抬眉動作。
	施測者示範做出抬高眉毛的臉部表情動作後，兒童隨即能跟著模仿做出相同動作。建議運用鏡子讓兒童看自己的臉部表情，誘發模仿動作的動機。若兒童無法抬高眉毛，就不通過。
13	皺眉：會模仿皺眉動作。
	施測者示範做出皺眉的臉部表情動作後，兒童隨即能跟著模仿做出相同動作。建議運用鏡子讓兒童看自己的臉部表情，誘發模仿動作的動機。若兒童無法做出皺眉動作，就不通過。

向度二：進食能力

1	下頜骨或下巴適度張開接受湯匙。
	觀察兒童用湯匙餵／進食時，下頜骨能適度張開，張口無過大或過小之情形，並接受湯匙進入口中且動作順暢。反之，則不通過。
2	吃流質或濃稠食物時，吞嚥動作順暢。
	觀察兒童餵／進食流質或濃稠食物時，能順利吞嚥，無經常被食物嗆到或窒息的情形。反之，則不通過。

3	下頷骨可控制，持續上下咬住或含住軟質餅乾。
	觀察兒童吃嬰兒餅乾時、會用牙齒或牙齦托住軟質餅乾；或是兒童尚無法咬斷餅乾，而當餵食者協助扳斷餅乾時，兒童上下頷骨能維持托住餅乾的姿勢。反之，則不通過。
4	用上唇抿以及下唇內縮協同抿下湯匙上的食物。
	觀察兒童用湯匙餵食時，上唇能向下、向內、動作靈活的抿住湯匙，同時下唇內縮共同抿下湯匙上的食物。若無法順利抿下湯匙上的食物，則不通過。
5	舌頭將食物從口中央運送到口兩側。
	觀察兒童進食時，舌頭能將食物從口中央側送至臼齒處。若只能用門齒咀嚼或是直接吞嚥，則不通過。
6	吃泥狀或切碎的一般食物時，吞嚥動作順暢。
	觀察兒童吃磨碎、泥狀或切碎的一般食物（包括容易咀嚼的肉類等固體食物）時，吞嚥動作順暢，無經常被食物嗆到或窒息的情形。反之，則不通過。
7	進食中偶爾出現嘔吐反射。
	觀察兒童於餵／進食期間，食物太大或口中食物過多時，會出現嘔吐反射；若無法直接觀察兒童此行為，則訪談家長於平日餵／進食期間，兒童是否曾出現嘔吐反射的動作表現。有嘔吐反射者通過，反之，則不通過。
8	上唇向下／向內縮、下唇向上協同抿下唇上的食物。
	觀察兒童進食期間，唇上有食物（如：飯粒、菜渣）時，上唇以向下、向內縮，同時下唇向上的方式協同抿下唇上的食物。評估中可撕小塊海苔片交替置於兒童上下唇，以誘發雙唇協同抿食物的動作。可順利抿下唇上食物者通過，反之則不通過。
9	用舌頭改變食物在口中的位置。
	觀察兒童進食期間，舌頭能將食物自口中央運至口側邊、自口側邊運至口中央、以及自口側邊將食物運送至另側邊（越過口中線），順暢的改變食物在口中的位置。無法順利改變食物在口中的位置者，則不通過。
10	用舌頭舔回上下唇上的食物。
	觀察兒童進食期間，能用舌頭舔回上下唇上的食物（如：飯粒、菜渣）。反之，則不通過。
11	雙唇含住杯緣喝水。
	觀察兒童用杯子攝食液體時，下頷骨動作穩定，同時雙唇含住杯緣，牙齒不會咬住杯緣，舌頭亦不會自口中伸出或靜置於杯緣下方。雙唇沒有含住杯緣，或是用牙齒咬著杯子，或是舌頭伸出來，或是舌頭頂住杯緣下方，都算不通過。

12	下頜骨以畫圈、旋轉方式咀嚼食物，動作協調良好。
	觀察兒童進食時，下頜骨出現細微畫圈般的旋轉動作，用以磨碎口中食物且動作協調良好。若兒童只有上下開合而沒有旋轉動作，或是咬住不放，或是完全沒有動作，都算不通過。
13	咀嚼時，雙唇能將食物和唾液維持在口中。
	觀察兒童咀嚼食物時，能維持雙唇閉合，不會掉出食物或流出唾液。反之，則不通過。
14	吃固體食物時，吞嚥動作順暢。
	觀察兒童吃固體食物時，吞嚥動作順暢，無經常被食物嗆到或窒息的情形。反之，則不通過。
15	無經常性的流口水。
	觀察兒童在做較精細的動作期間（如：畫畫），無流口水的情形出現。反之，則不通過。

向度三：口腔動作控制（1）

1	露出上下排牙齒。
	施測者示範露出上下排牙齒的動作時，兒童能正確模仿並做出相同動作。建議運用鏡子讓兒童看看自己的牙齒有沒有漂亮或蟲蟲，誘發兒童模仿動作的動機。如果無法模仿或模仿不正確，則不通過。
2	上齒咬下唇。
	施測者示範用上齒咬下唇的動作時，兒童能正確模仿並做出相同動作。建議運用鏡子跟兒童玩「牙齒把下唇變不見」的遊戲，誘發兒童模仿動作的動機。如果無法模仿或模仿不正確，則不通過。
3	上下牙相碰「卡搭」一聲。
	施測者示範上下牙齒相碰，發出「卡搭」一聲的動作時，兒童能正確模仿並做出相同動作。建議運用鏡子誘發兒童模仿動作的動機。如果無法模仿或模仿不正確，則不通過。
4	咳嗽一聲。
	施測者示範咳嗽的動作時，兒童能正確模仿並做出相同動作。兒童做此動作時，若出現肩膀一起聳動的情形也算通過。建議運用有聲音回饋的遊戲軟體／玩具或兄弟姊妹／同儕陪伴模仿，誘發兒童模仿動作的動機。如果無法模仿或模仿不正確，則不通過。

5	維持雙唇嘟嘴狀 3 秒。
	施測者示範雙唇嘟嘴的動作時，兒童能正確模仿做出相同動作並維持 3 秒。建議假裝要小聲發「噓」或火車「嘟」的聲音，誘發兒童模仿動作的動機。如果無法模仿或模仿不正確，則不通過。
6	將嘴角拉向兩側臉頰並縮回。
	施測者示範將嘴角拉向臉頰兩側並縮回來，兒童能正確模仿並做出相同動作。建議運用鏡子誘發兒童模仿動作的動機。如果無法模仿或模仿不正確，則不通過。
7	鼓脹雙邊臉頰。
	施測者誇張示範吃進一口空氣，然後鼓脹雙邊臉頰的動作時，兒童能正確模仿並做出相同動作。建議運用鏡子誘發兒童模仿動作的動機。此動作可測試雙唇緊閉能力。在兒童鼓脹雙邊臉頰時，若按壓兒童臉頰鼓脹處，空氣馬上由口釋放出則表示雙唇緊閉能力不佳。如果無法模仿或模仿不正確，或按壓兒童臉頰鼓脹處時，有空氣自口中釋出，則不通過。
8	清喉嚨。
	施測者示範發出清喉嚨的聲音時，兒童能正確模仿並發出相同聲音。建議運用有聲音回饋的遊戲軟體／玩具或兄弟姊妹／同儕陪伴模仿，誘發兒童模仿動作的動機。如果無法模仿或模仿不正確，則不通過。
9	彈舌。
	施測者示範彈舌（舌頭捲曲連續輕觸上顎，發出聲音）的動作後，兒童能正確模仿並做出相同動作。建議運用有聲音回饋的遊戲軟體／玩具或兄弟姊妹／同儕陪伴模仿，誘發兒童模仿動作的動機。若兒童牙齒咬合是安格氏第三級咬合，彈舌的聲音會悶悶的不響亮；下頜骨可能會跟著舌頭一起上下動，此情形仍算通過。如果無法模仿或模仿不正確，則不通過。
10	用舌尖舔上下唇。
	施測者示範用舌尖舔上下唇的動作後，兒童能正確模仿並做出相同動作。建議運用鏡子誘發兒童模仿動作的動機。如果無法模仿或模仿不正確，則不通過。
11	舌頭沿著唇邊畫圈。
	施測者示範舌頭沿著嘴唇四周畫圈的動作後，兒童能正確模仿並做出相同動作。建議運用鏡子誘發兒童模仿動作的動機。如果無法模仿或模仿不正確，則不通過。

向度三：口腔動作控制（2）

	維持發母音「ㄚ」之秒數。
1	施測者示範發「ㄚ」音後，兒童能正確模仿並發出相同聲音，提醒愈久愈好，同時以碼錶計算兒童維持發此聲音之秒數。例如：1 秒、2 秒、3 秒……10 秒等。建議運用有視覺／聲音回饋的遊戲軟體或玩具，誘發或增強兒童模仿聲音的動機。將兒童的表現（秒數）記錄在紀錄本上。
	10 秒內正確發「ㄆㄚ」之次數。
2	施測者示範雙唇緊閉後再放開，放鬆發「ㄆㄚ」音的動作後，兒童能正確模仿動作並發出相同聲音，提醒愈快愈好，同時以碼錶計算 10 秒內兒童正確發出此聲音之次數。若兒童發出「ㄅㄚ」音，則不予計算。並建議運用有視覺／聲音回饋的遊戲軟體或玩具，誘發或增強兒童模仿聲音的動機。將兒童的表現（次數）記錄在紀錄本上。
	10 秒內正確發「ㄊㄚ」之次數。
3	施測者示範發「ㄊㄚ」音後，兒童能正確模仿並發出相同聲音，提醒愈快愈好，同時以碼錶計算 10 秒內兒童正確發出此聲音之次數。建議運用有視覺／聲音回饋的遊戲軟體或玩具，誘發或增強兒童模仿聲音的動機。將兒童的表現（次數）記錄在紀錄本上。
	10 秒內正確發「ㄎㄚ」之次數。
4	施測者示範發「ㄎㄚ」音後，兒童能正確模仿並發出相同聲音，提醒愈快愈好，同時以碼錶計算 10 秒內兒童正確發出此聲音之次數。建議運用有視覺／聲音回饋的遊戲軟體或玩具，誘發或增強兒童模仿聲音的動機。將兒童的表現（次數）記錄在紀錄本上。
	10 秒內正確做出「ㄧ、ㄨ」之次數。
5	施測者示範雙唇做出「ㄧ、ㄨ」的最大範圍動作後，兒童能正確模仿並做出相同動作，提醒愈快愈好，同時以碼錶計算 10 秒內兒童正確做出此動作之次數。建議運用鏡子誘發兒童模仿動作的動機。將兒童的表現（次數）記錄在紀錄本上。
	10 秒內正確發「ㄅㄚㄆㄚ」之次數。
6	施測者示範發「ㄅㄚㄆㄚ」音後，兒童能正確模仿並發出相同聲音，提醒愈快愈好，同時以碼錶計算 10 秒內兒童正確發出此聲音之次數。建議運用有視覺／聲音回饋的遊戲軟體或玩具，誘發或增強兒童模仿聲音的動機。將兒童的表現（次數）記錄在紀錄本上。

7	10 秒內正確發「ㄅㄚㄊㄚ」之次數。
	施測者示範發「ㄅㄚㄊㄚ」音後，兒童能正確模仿並發出相同聲音，提醒愈快愈好，同時以碼錶計算 10 秒內兒童正確發出此聲音之次數。建議運用有視覺／聲音回饋的遊戲軟體或玩具，誘發或增強兒童模仿聲音的動機。將兒童的表現（次數）記錄在紀錄本上。
8	10 秒內正確發「ㄍㄚㄎㄚ」之次數。
	施測者示範發「ㄍㄚㄎㄚ」音後，兒童能正確模仿並發出相同聲音，提醒愈快愈好，同時以碼錶計算 10 秒內兒童正確發出此聲音之次數。建議運用有視覺／聲音回饋的遊戲軟體或玩具，誘發或增強兒童模仿聲音的動機。將兒童的表現（次數）記錄在紀錄本上。
9	20 秒內正確發「ㄆㄚㄊㄚㄎㄚ」之次數。
	施測者示範發「ㄆㄚㄊㄚㄎㄚ」音後，兒童能正確模仿並發出相同聲音，提醒愈快愈好，同時以碼錶計算 20 秒內兒童正確發出此聲音之次數。建議運用有視覺／聲音回饋的遊戲軟體或玩具，誘發或增強兒童模仿聲音的動機。將兒童的表現（次數）記錄在紀錄本上。

七、本檢核表之使用方式

1. 施測者為家長或是幼教老師

　　家長與幼教老師可使用本檢核表之題目，檢核幼兒是否通過該題目之標準，以初步了解兒童是否有口腔動作之問題。如果有任何疑惑，例如四歲以上兒童在任一向度有三項以上不通過者，可將兒童轉介專業人員進行判斷。

2. 施測者為專業人員

　　經由本檢核表之標準化檢核過程，讓專業臨床人員可逐題檢視向度一、向度二、向度三之題目，了解影響兒童進食困難、口語表達清晰度不

佳之口腔動作能力問題，作為日後療育或治療目標與活動設計之參考。而向度三（2）得分表現可參考第五章「表 5-5 各年齡兒童在向度三（2）題項之口腔動作控制速度表現」平均數與標準差，了解兒童的口腔動作能力與一般兒童相比之程度差異與問題。

肆、施測結果解釋與應用

　　本章主要說明施測完畢後，從兒童肢體動作／擺位、兒童發聲特質的觀察以及兒童在各向度中表現的情形，了解影響兒童口腔動作能力的表現。同時藉由施測過程中的觀察和兒童在各向度中的紀錄，提供老師、父母、語言治療師擬定兒童口腔動作訓練之長短期目標及可運用策略。以下就兩位構音障礙、一位進食困難、一位染色體異常、一位腦性麻痺的兒童為例，介紹 OMAC 施測結果解釋與應用。

一、構音異常兒童 AA

（一）個案史與問題主訴

　　AA 為四歲 3 個月，女生，同父母居住於臺中市，父母親均為上班族，平日在家中使用語言為國語及少量臺語。AA 目前就讀幼兒園中班，家中排行老大、有兩位妹妹。因學校老師反應 AA 有發音不清的問題，於是母親帶著 AA 到醫療院所進行評估。AA 個性乖巧，熟悉後可與他人進行良好互動，配合度及挫折忍受度高，且受到鼓勵後能有更好表現。

（二）施測過程及觀察

在施測過程中，AA 可配合要求專注於測驗活動中，整體主觀印象認為 AA 的個性乖巧活潑，能主動與他人互動。說話速度較快，加上部分構音錯誤，施測者評估整體言語清晰度約 80%。AA 於本量表第二部分兒童肢體動作／擺位觀察及第三部分兒童發聲特質之表現結果均為正常。

（三）評估結果

AA 於 OMAC 的檢核結果描述於下：

第四部分：檢核結果			
向度	題數	通過題號	不通過題號
一、頭、臉部和口腔構造與功能	13	1-13	0
二、進食能力	15	不需施測	
三、口腔動作控制	(1)11	1-7、11	8、9、10
	(2)9	摘要說明	輪替動作有異樣

1. AA 在向度一，頭、臉部和口腔構造與功能的題目均通過標準。
2. AA 在向度三，口腔動作控制檢核未通過的題目為：清喉嚨、彈舌、用舌尖舔上下唇。不會清喉嚨的部分可能影響到 AA 與舌根部位相關的發音（如：舌根音）；施測過程中AA正確說出ㄆㄚ的次數低於同儕，

ㄎㄚ說ㄉㄚ、ㄍㄚㄎㄚ說ㄉㄚㄊㄚ、ㄆㄚㄊㄚㄎㄚ說ㄅㄚㄊㄚㄊㄚ，較無法確實做出要求的發音動作。

3. AA 於同日使用非正式構音評量，測驗結果描述於下：

發音方法／位置	錯誤情形
舌尖音化	ㄍ以ㄉ取代；ㄎ以ㄊ取代
聲隨韻母省略	ㄢ、ㄤ以ㄚ取代

由上述分析可得知，AA 的口腔動作、言語機轉有問題，且合併構音異常。

（四）總結與建議

1. 建議父母嘗試使用下列技巧，以提升AA之口腔動作、言語機轉能力：
(1) 刷牙或洗澡的時候，可以將頭抬高、玩漱口的遊戲。
(2) 遊戲時學恐龍發出「ㄎㄡ∨」的聲音，同時將手放在喉嚨感受舌根振動。
(3) 撕小片海苔置於 AA 上嘴唇或下嘴唇，誘發舌尖上舔、下舔的動作，可使用鏡子提供視覺回饋。
2. 建議 AA 至醫療院所進行語言治療，以提升口語清晰度。

二、構音異常兒童BB

（一）個案史與問題主訴

BB 為四歲 11 個月，男生，同父母居住於臺中市，父親為上班族，母親為大陸籍的全職家庭主婦，平日在家中使用語言為國語。BB目前就讀幼

兒園中班，家中排行老么，有一位姊姊，姊姊自小時候發音就標準清楚。母親對 BB 的構音問題一直感覺困擾，因此尋求協助。BB 個性乖巧但怕生，到陌生環境或和陌生人相處需要花較長時間適應，對自己沒自信，說話音量小，不過配合度及挫折忍受度高。

（二）施測過程及觀察

在施測過程中，BB 可配合情境要求，專注於測驗中。施測者整體主觀印象認為 BB 的個性內向文靜，不會排斥與陌生人相處，但需熟悉後才能主動與他人互動。說話出現構音問題時，BB 能自覺，而有音量變小、說話速度變快、含糊帶過的退縮現象，導致整體言語清晰度約 70%。其餘在本量表第二部分及第三部分之肢體動作／擺位觀察及兒童發聲特質之表現結果均為正常。

（三）評估結果

BB 於 OMAC 的檢核結果描述於下：

第四部分：檢核結果			
向度	題數	通過題號	不通過題號
一、頭、臉部和口腔構造與功能	13	1-13	0
二、進食能力	15	不需施測	
三、口腔動作控制	(1)11	1-9	10、11
	(2)9	摘要說明	輪替動作有異樣

1. BB 在向度一，頭、臉部和口腔構造與功能的題目均通過標準。
2. BB 在向度三，口腔動作控制檢核未通過的題目為：用舌尖舔上下唇、舌頭沿著唇邊畫圈，這可能影響到與舌頭部位相關的發音（如：舌尖前音、舌尖後音等等）；施測過程中明顯可感覺到 BB 輪替動作的異樣，正確說出ㄊㄚ、ㄎㄚ的次數顯著低於同儕，且說ㄆㄚ有時會說成ㄅㄚ、ㄊㄚ有時說成ㄉㄚ、ㄎㄚ有時說成ㄍㄚ；ㄉㄚㄊㄚ說ㄉㄚㄉㄚ、ㄍㄚㄎㄚ說ㄍㄚㄍㄚ、ㄆㄚㄊㄚㄎㄚ說ㄅㄚㄉㄚㄍㄚ，較無法確實做出要求的發音動作。
3. BB 於同日使用非正式構音評量，測驗結果描述於下：

發音方法／位置	錯誤情形
不送氣化	ㄆ有時以ㄅ取代；ㄊ有時以ㄉ取代；ㄎ有時以ㄍ取代
塞音化	ㄗ、ㄘ、ㄙ、ㄓ、ㄔ、ㄕ以ㄉ取代；ㄈ以ㄅ取代
聲隨韻母省略	ㄢ、ㄤ以ㄚ取代

　　由上述分析可得知，BB的口腔動作、言語機轉有問題，且合併構音異常。

（四）總結與建議

1. 建議父母嘗試使用下列技巧，以提升BB之口腔動作、言語機轉能力：
(1) 撕小片海苔置於BB上嘴唇或下嘴唇，誘發舌尖上舔、下舔的動作，同時提醒 BB 勿用抿唇的方式進行。
(2) 用果醬沾在BB的嘴唇周圍，誘發舌頭沿著唇邊畫圈的動作，可使用鏡子提供視覺回饋。
(3) 可用羽毛或將衛生紙撕成條狀，放在 BB 的唇前，讓 BB 分別練習ㄆㄚ、ㄊㄚ、ㄎㄚ的聲音，正確發音時羽毛或衛生紙會因氣流而飄動。
2. 建議 BB 至醫療院所進行語言治療，以提升整體言語清晰度。

三、進食困難兒童 CC

（一）個案史與問題主訴

　　CC為四歲3個月，在社福機構就學，家中排行老么，有一位哥哥，平日很受父母和哥哥的疼愛，母親對 CC 的教養態度非常正面積極且樂觀。根據與母親的訪談，CC出生時不會吸奶，三個月後才會吸母奶，醫院鑑定疑似基因異常但無法確診，情形與父親年幼時相同但父親正常，出生三個月後即接受復健治療。CC個性溫和，全身肌肉張力低，獨自行走不穩，還不會由站到蹲的動作，可獨坐有靠背的椅子。在媽媽協助下完成本檢核表，以了解CC進食能力；並請治療師提供具體建議。

（二）施測過程及觀察

　　CC喜歡吃東西，施測過程中能在食物的引誘下發出ㄇㄋㄇㄋ或ㄇㄚㄇㄚ表示要吃的聲音，但較無法聽從指令模仿做出顏面表情和口腔動作，因此僅能就向度一和二進行施測。

（三）評估結果

第四部分：檢核結果			
向度	題數	通過題號	不通過題號
一、頭、臉部和口腔構造與功能	13	2、3、5、6、8、9	1、4、7、10、11、12、13
二、進食能力	15	1、2、3、5、6、7、9	4、8、10、11、12、13、14、15
三、口腔動作控制	(1)11	不需施測	
	(2)9	摘要說明	不需施測

1. CC在向度一，頭、臉部和口腔構造與功能未通過題項包括：臉部不敏感、硬顎過高且窄、舌繫帶短、雙唇經常性張開、雙眼無法抗阻大人用手指扳開的力量，以及無法模仿雙眼緊閉、抬高眉毛、皺眉等臉部表情動作。

2. 向度二，進食能力未通過題項包括：上下唇無法共同抿下湯匙上的食物、上下唇無法協同抿入下唇上的食物、無法用舌頭舔回上下唇上的食物、雙唇無法含住杯緣喝水、下頜骨多以上下移動的方式咀嚼食物，動作協調不順暢、咀嚼時無法將食物／口水維持在口中、吃固體食物容易嗆到，且有經常性流口水之外觀表現。

（四）總結與建議

綜上所述，CC 未來的口腔動作療育方向建議如下：

1. 進食時需留意食物是否卡在硬顎過高處，避免殘留食物在口內，以防止仰躺睡時掉入呼吸道中，阻礙呼吸造成窒息。

2. 建議家長用湯匙餵食時不要將食物直接倒入 CC 口中，而是待 CC 張口要吃時，將湯匙停放在 CC 口前誘發 CC 用雙唇將食物自湯匙上抿入口中的動作。若 CC 一開始不會，家長先用手指協助 CC 雙唇閉合抿食物，會了就不再協助。

3. 用鋁箔飲料的小吸管吸食布丁。

4. 撕小片海苔置於 CC 兩側嘴角處，誘發舌頭左右的動作。

5. 將食物置於嬰兒咀嚼器內讓 CC 咀嚼，提升咀嚼食物能力。

6. 餵食小塊需咀嚼的餅乾時，可將餅乾先置於左右兩側臼齒上，促進咀嚼和誘發舌頭側送食物的能力。

四、染色體異常兒童 DD

（一）個案史與問題主訴

DD 為足月剖腹順產。藉由新生兒篩檢發現為龐貝氏症（神經肌肉疾病的一種），定期至醫院接受靜脈注射酵素補充治療。DD 的肌肉切片顯示泡型肌肉病變，腦部磁振造影顯示輕微髓鞘化不足。

DD 於零歲 9 個月時，母親主訴 DD 全身無力。早療團隊評估結果，粗動作技巧發展年齡約在 6 至 8 個月；精細動作技巧發展年齡約在 3 至 5 個

月；語言發展部分，可理解環境中聲音，會使用聲音、哭來表達需求或拒絕，沒有「ㄅㄚㄅㄚㄅㄚ」、「ㄉㄚㄉㄚㄉㄚ」的發聲行為。口腔動作及進食部分，舌頭協調性尚可，無流口水；以牛奶為主食，多由奶瓶進食，吸吮時有部分牛奶從嘴角滲出，可食布丁、小饅頭、米果等副食品，但咀嚼動作少，進食稀飯有點哽嗆的情形。

DD 在四歲 9 個月時，母親主訴 DD 肢體動作無力，講話不清楚。早療團隊評估結果，粗大動作發展遲緩，下肢肌力與肌耐力不足導致平衡能力不足。兒童動作量表評估結果懷疑動作協調障礙。語言評估顯示語言理解及語言表達皆在正常範圍。言語評估結果，韻母構音皆正確，聲母構音錯誤，對話中的聲母構音正確率為 53.49%，錯誤方式以省略為主，少數聲母擦音取代塞擦音；嗓音正常；共鳴異常，為中度鼻音過度。施測 OMAC 主要是了解 DD 構音異常的因素是否受口腔動作異常所影響？或是構音音韻發展遲緩？或是合併以上兩種問題？

（二）施測過程及觀察

DD 的肌肉張力低且肌肉無力，綜合上述 DD 的醫療史，在口腔動作、言語及吞嚥部分主要是弛緩型吶語症的表現。由第二部分兒童肢體動作／擺位觀察結果發現，DD 於身體及肩膀皆呈現異常，且肌肉耐受力不足，在久站或行走時需要輪椅輔助。由第三部分兒童發聲特質結果發現，DD 有共鳴異常的情形，為中度鼻音過度。

（三）評估結果

1. DD 於向度一，頭、臉部和口腔構造與功能的表現，有 2 題未通過，無法模仿抬眉及皺眉動作，懷疑其顏面肌肉動作異常。
2. 向度二，進食能力的題目全數通過，顯示在進食部分能力良好。

3. 向度三，口腔動作控制所有題目皆全數通過。顯示 DD 於言語機轉的這部分能力良好。

第四部分：檢核結果			
向度	題數	通過題號	不通過題號
一、頭、臉部和口腔構造與功能	13	1、2、3、4、5、6、7、8、9、10、11	12、13
二、進食能力	15	1-15	0
三、口腔動作控制	(1)11	1-11	0
	(2)9	摘要說明	無異樣

（四）總結與建議

綜合 DD 基本資料、評估觀察以及口腔動作檢核表結果顯示：

1. DD為弛緩型吶語症，有口腔肌肉張力低、共鳴異常以及構音異常的狀況。DD雖有口腔肌肉張力低，影響其面部表情，尤其是抬眉及皺眉的動作，因而評估過程中顯得面無表情，但是未影響進食能力以及言語運動機轉。

2. DD有明顯構音異常，主要以聲母省略音化為主，並且合併中度鼻音過度，但是口腔言語動作卻符合同年齡兒童發展，因此可知 DD 的構音異常不是受到口腔動作異常所影響的。建議轉介至耳鼻喉科檢查以確認其聽力狀況，並且排除結構性顎咽閉鎖功能不全，或是確認其功能

性顎咽閉鎖不全的程度。

3. 由本檢核表及其他評量結果顯示，DD的言語治療目標以加強構音音韻概念、構音技巧及減少鼻音過度為主要短期目標。治療過程中可強調口語時的構音動作，不需要特別強調非口語口腔輪替運動；長期目標為增進言語清晰度及溝通效度。

五、腦性麻痺兒童 EE

（一）個案史與問題主訴

　　EE 為三歲 1 個月，女生。妊娠週期 37+3 週，出生體重為 2700 公克。出生時因為產程過長而採用剖腹產，出生後診斷為週產期損傷，腦性麻痺，四肢張力皆異常。曾經接受染色體基因檢查，檢查結果無法給予明確疾病診斷，但是仍不排除有基因異常的可能。EE 出生至 3 個月之前使用鼻胃管灌食，經常發生吸入性肺炎的狀況。由於 EE 有嚴重胃食道逆流，於 3 個月大時接受腹腔鏡胃造廔以及胃底摺疊術，並且經由胃造口灌食。母親表示，EE 目前沒有口語，完全無法由口進食，經由胃造口灌食全質泥狀食物，並且牙關緊閉，完全無法張開，需定期至牙科門診將牙齒撐開，並且執行撐開顳顎關節的居家活動。在發展中心訓練使用有味道的棉棒放入口腔，EE 願意將口稍微放鬆一點點，有吸吮動作。母親希望能加強 EE 的吞嚥功能，最佳目標是由口進食，若難達到此目標，希望 EE 至少能吞口水，並且不會經常反覆性發生吸入性肺炎。

　　語言治療師使用本檢核表詳細了解有關於 EE 的口腔動作之後，根據評量結果擬定 EE 的口腔動作訓練以及吞嚥治療計畫。

（二）施測過程及觀察

　　由第二部分兒童肢體動作／擺位觀察結果發現，EE全身張力高，可獨立坐著，但是接受特定活動時，仍需要使用擺位椅及固定帶以維持其良好的姿勢。由第三部分兒童發聲特質結果發現，EE有嗓音異常以及共鳴異常的情形，為中度鼻音過度以及濕濡聲。在施測過程中，EE雖然無法主動配合檢查，但是仍能從平常自發性動作以及觸碰誘發進行觀察以及評核。由第四部分口腔動作檢核結果發現，EE 於三個向度檢查結果為大部分不通過。

（三）評估結果

第四部分：檢核結果			
向度	題數	通過題號	不通過題號
一、頭、臉部和口腔構造與功能	13	1、2、3、6、7、12、13	4、5、8、9、10、11
二、進食能力	15	7	1、2、3、4、5、6、8、9、10、11、12、13、14、15
三、口腔動作控制	(1)11	6	1、2、3、4、5、7、8、9、10、11
	(2)9	摘要說明	全數未通過

向度一：頭、臉部和口腔構造與功能

　　EE 於向度一的表現，通過 7 題，有 6 題未通過。檢查結果顯示：EE 硬顎弧度窄且過高；無明顯軟顎上抬動作；明顯為第二級咬合異常，下顎大臼齒較正常咬合向後以及下顎骨後縮；下頜骨過小；緊閉雙眼時，無法抗拒施測者用手指扳開雙眼；於靜止時經常流口水。其他題項，透過日常活動觀察，EE 已通過標準。

向度二：進食能力

　　EE 於向度二僅通過 1 題，為題號 7「進食中偶爾出現嘔吐反射」，其他題數皆不通過。EE 無法張開下頜接受湯匙，平常有明顯濕濡聲，無法進行任何與進食相關的活動，經常流口水。

向度三：口腔動作控制

　　EE 於向度三僅通過 1 題，為題號 6「將嘴角拉向兩側臉頰並縮回」。其他 19 題皆未通過標準。

（四）總結與建議

　　由 EE 基本資料、評估觀察以及口腔動作檢核表結果顯示，

1. EE 為口腔結構異常合併進食功能異常以及吞嚥功能異常，與其先天性結構異常合併神經肌肉異常有關。在口腔結構異常部分，建議持續於牙科定期追蹤以及執行居家療育活動。

2. 在口腔言語運動功能以及吞嚥功能部分，建議持續接受語言治療，執行口腔動作訓練以及吞嚥訓練。

3. 在進食部分，建議仍持續以胃造廔灌食為主要攝取營養及水分的方式。

伍、效度與信度

一、效度

　　本檢核表以內容效度和建構效度驗證測驗效度。編製者透過蒐集與口腔動作控制有關的國內外文獻以及評估工具，判斷OMAC每一題項能否檢視兒童口腔動作控制情形，以驗證本檢核表的內容效度。接著以年齡組間之差異考驗建構效度。

（一）內容效度

　　以下逐一說明OMAC各向度之題項與國內、外口腔動作控制相關評估工具及文獻，以支持本檢核表之理論架構及內容。

向度一：頭、臉部和口腔構造與功能

　　向度一題項與《中文版三至六歲兒童口語動作評估量表之編製研究》（張筱君，2009）、〈口腔構音結構檢查表〉（鄭靜宜，2013）、*Oral-Motor/Feeding Rating Scale*（Jelm, 1990）、*Oral-Facial Examination Form*（Shipley & McAfee, 2009）、*Sample Oral-Peripheral Examination Form*（Gironda, Musayeva, & Fabus, 2012）、*Examination of Speech Mechanism*

（Paul & Norbury, 2012）及 *The Oral Mechanism*（Hall, 2002）等評估工具部分題項一致情形，彙整如表 5-1。

表 5-1　向度一，頭、臉部和口腔構造與功能題項與國內外評估工具對照表

	O	1	2	3	4	5	6	7	8	9	10	11	12	13
中文版三至六歲兒童口語動作評估量表之編製研究			◎	◎	◎	◎		◎		◎				
口腔構音結構檢查表						◎	◎	◎		◎		◎		
Oral-Motor/Feeding Rating Scale	◎				◎	◎		◎	◎					
Oral-Facial Examination Form			◎		◎	◎		◎	◎	◎				
Sample Oral-Peripheral Examination Form			◎	◎	◎	◎	◎	◎		◎				
Examination of Speech Mechanism			◎		◎	◎		◎	◎	◎	◎	◎	◎	◎
The Oral Mechanism			◎	◎	◎	◎		◎	◎	◎	◎	◎	◎	◎

向度二：進食能力

　　向度二題項與 *Developmental Pre-Feeding Checklist*（Morris & Klein, 2000）、*Oral-Motor/Feeding Rating Scale*（Jelm, 1990）、SOMA（Reilly, Skuse, & Wolke, 2000）及 *Development Sequence of Oral-Motor and Self-Feeding Skill*（Glass & Wolf, 1998）等評估工具部分題項一致情形，彙整如表 5-2。

表 5-2　向度二，進食能力題項與國內外評估工具對照表

參考來源＼OMAC 題項	1	2	3	4	5	6	7	8	9	10	11	12	13	14	15
Developmental Pre-Feeding Checklist		◎	◎	◎	◎	◎		◎	◎	◎	◎	◎	◎	◎	◎
Oral-Motor/Feeding Rating Scale	◎	◎		◎		◎					◎		◎	◎	
Schedule for Oral-Motor Assessment (SOMA)	◎			◎			◎				◎				
Development Sequence of Oral-Motor and Self-Feeding Skill		◎		◎	◎	◎	◎	◎	◎	◎	◎	◎	◎	◎	

向度三：口腔動作控制

　　向度三題項與《中文版三至六歲兒童口語動作評估量表之編製研究》（張筱君，2009）、《學前幼兒口腔輪替任務表現之探討》（賴佩汝，2013）、〈口腔構音結構檢查表〉（鄭靜宜，2013）、*Examination of Speech Mechanism*（Paul & Norbury, 2012）、*Oral-Facial Examination Form*（Shipley & McAfee, 2009）、*Motor Speech Disorders Evaluation*（ASHA, 2016）、*Sample Oral-Peripheral Examination Form*（Gironda, Musayeva, & Fabus, 2012），及 *The Oral Mechanism*（Hall, 2002）等評估工具部分題項一致情形彙整如表 5-3 與表 5-4。

表 5-3　向度三（1）口腔動作控制與國內外評估工具對照表

參考來源 ＼ OMAC 題項	1	2	3	4	5	6	7	8	9	10	11
口腔構音結構檢查表					◎	◎			◎	◎	
Examination of Speech Mechanism	◎	◎	◎	◎	◎		◎	◎	◎	◎	
Oral-Facial Examination Form					◎		◎			◎	
Motor Speech Disorders Evaluation					◎	◎					
Sample Oral-Peripheral Examination Form					◎	◎					
The Oral Mechanism					◎	◎	◎				◎

表 5-4　向度三（2）口腔動作控制與國內外評估工具對照表

參考來源 ＼ OMAC 題項	1	2	3	4	5	6	7	8	9
中文版三至六歲兒童口語動作評估量表之編製研究		◎	◎	◎	◎	◎	◎	◎	◎
學前幼兒口腔輪替任務表現之探討		◎	◎	◎	◎	◎	◎	◎	◎
口腔構音結構檢查表	◎	◎		◎	◎				◎
Examination of Speech Mechanism	◎				◎	◎	◎	◎	◎
Motor Speech Disorders Evaluation		◎	◎	◎	◎				◎
Sample Oral-Peripheral Examination Form		◎	◎	◎					◎
The Oral Mechanism	◎	◎	◎	◎	◎				◎

　　由上述分析顯示OMAC各向度之檢核內容均有國內外口腔動作相關工具可依循；即本檢核表題項與兒童口腔動作控制的發展和能力具有關聯性，符合評估的目的。

（二）建構效度

根據第二章文獻探討顯示嬰幼兒隨著年齡發展，其各階段的口腔構造及功能皆不斷地改變，至三歲時逐漸趨近於成人，言語能力也會因年齡而發展愈來愈成熟。以下將說明不同年齡階段典型發展兒童在OMAC向度三(2)的表現情形。

表 5-5 呈現三到五歲三組兒童口腔動作控制能力之九個評估題項的統計內容，包含表現秒數／次數的平均數、標準差及秒數／次數全距。表中顯示，除了第 5 題 10 秒內正確做出「ㄧ、ㄨ」之次數以外，三組兒童在其他題項之平均數都隨兒童年齡增長而增加。此項結果顯示兒童說出連續韻母「ㄧ、ㄨ」之言語動作使用的機轉，在四歲時已發展較為成熟。因此，四歲階段會在聲母的習得方面持續發展中。不過此項結果仍需更多的研究或是更大的樣本及不同族群樣本的投入分析；本研究僅是初步探討，結果需要謹慎使用，尚未構成結論。整體而言，本結果發現三歲到四歲之間兒童之口腔動作控制速度習得的速率成長快速；但是，四歲以後在每項指標的習得速率漸趨平緩。

接著使用單因子變異數分析（ANOVA）分析組間差異是否顯著，並以Scheffé事後比較法分析三組兒童口腔動作控制表現速度是否依年齡增長而增加。結果如表 5-6 所示，顯示三到五歲三組兒童在向度三與口腔動作控制表現速度有關之 9 個題項，其中 7 題表現均達顯著差異，採 Scheffé 事後比較法做事後多重比較，結果發現三組兒童在 7 個題項的口腔動作控制速度表現依年齡由高到低依序為：五歲＞四歲＞三歲，且均達到組內顯著差異，表示口腔動作控制速度隨兒童年齡增長而增加。但是，10 秒內正確做出「ㄧ、ㄨ」之次數及 20 秒內正確發「ㄅㄚㄊㄚㄎㄚ」之次數等兩項，三組間未達顯著差異。亦即連續做出韻母「ㄧ、ㄨ」在四歲時已發展較為成

表 5-5　各年齡兒童在向度三（2）題項之口腔動作控制速度表現

題項		年齡組	三歲 0 月-三歲 11 月（n=16）	四歲 0 月-四歲 11 月（n=15）	五歲 0 月-五歲 11 月（n=18）
1	維持發母音「ㄚ」之秒數	平均數	5.94	6.27	8.78
		標準差	2.74	2.12	3.83
		秒數全距	2-11	4-10	3-16
2	10 秒內正確發「ㄆㄚ」之次數	平均數	19.00	27.40	28.28
		標準差	6.35	5.83	7.42
		次數全距	9-38	17-36	15-40
3	10 秒內正確發「ㄊㄚ」之次數	平均數	18.94	27.80	28.83
		標準差	4.67	5.82	7.33
		次數全距	12-28	16-40	15-40
4	10 秒內正確發「ㄎㄚ」之次數	平均數	17.56	27.67	27.89
		標準差	3.14	6.06	6.61
		次數全距	13-23	16-37	15-36
5	10 秒內正確做出「一、ㄨ」之次數	平均數	6.75	7.87	7.33
		標準差	2.27	1.60	1.82
		次數全距	4-12	5-10	4-10
6	10 秒內正確發「ㄅㄚㄆㄚ」之次數	平均數	7.50	9.27	10.33
		標準差	1.86	1.39	2.11
		次數全距	3-10	7-12	6-15
7	10 秒內正確發「ㄉㄚㄊㄚ」之次數	平均數	7.38	9.20	10.33
		標準差	2.39	1.78	1.61
		次數全距	0-11	7-13	8-14
8	10 秒內正確發「ㄍㄚㄎㄚ」之次數	平均數	7.44	8.93	9.94
		標準差	2.61	2.12	1.55
		次數全距	0-11	2-11	8-13
9	20 秒內正確發「ㄆㄚㄊㄚㄎㄚ」之次數	平均數	4.56	7.53	7.89
		標準差	4.50	6.17	5.20
		次數全距	0-13	0-15	1-18

表 5-6　各年齡組單因子變異數分析

題項	變異來源	SS	*df*	MS	F	事後比較
1. 維持發母音「ㄚ」之秒數	組間	82.69	2	41.35	4.48**	五歲>四歲四歲>三歲
	組內	424.98	46	9.24		
	總和	507.67	48			
2. 10秒內正確發「ㄆㄚ」之次數	組間	855.77	2	427.88	9.77**	五歲>四歲四歲>三歲
	組內	2015.21	46	43.81		
	總和	2870.98	48			
3. 10秒內正確發「ㄊㄚ」之次數	組間	966.16	2	483.08	12.97**	五歲>四歲四歲>三歲
	組內	1713.84	46	37.26		
	總和	2680.00	48			
4. 10秒內正確發「ㄎㄚ」之次數	組間	1127.07	2	563.54	18.48**	五歲>四歲四歲>三歲
	組內	1403.05	46	30.50		
	總和	2530.12	48			
5. 10秒內正確做出「一、ㄨ」之次數	組間	9.68	2	4.84	1.32	
	組內	168.73	46	3.67		
	總和	178.41	48			
6. 10秒內正確發「ㄅㄚㄆㄚ」之次數	組間	68.74	2	34.37	10.21**	五歲>四歲四歲>三歲
	組內	154.93	46	3.37		
	總和	223.67	48			
7. 10秒內正確發「ㄉㄚㄊㄚ」之次數	組間	74.83	2	37.42	9.88**	五歲>四歲四歲>三歲
	組內	174.15	46	3.79		
	總和	248.98	48			
8. 10秒內正確發「ㄍㄚㄎㄚ」之次數	組間	53.53	2	26.77	5.98**	五歲>四歲四歲>三歲
	組內	205.82	46	4.47		
	總和	259.35	48			
9. 20秒內正確發「ㄆㄚㄊㄚㄎㄚ」之次數	組間	108.96	2	54.48	1.93	
	組內	1297.45	46	28.21		
	總和	1406.41	48	48		

**p＜.05

熟；因此，五歲階段時，此項能力未呈現顯著進步。而 20 秒內正確發「ㄆㄚㄊㄚㄎㄚ」之次數，在五歲階段也未呈現顯著進步。未來仍要更多的研究深入探討習得的趨勢。總之，OMAC之建構效度是有意義的，符合生理發展的理論。

二、信度

本檢核表依據檢核內容進行評分者間信度考驗。由於向度二，進食能力主要是檢核發展遲緩兒童如腦性麻痺、多重障礙、染色體異常等合併進食吞嚥困難者。因此，向度二依文獻探討結果逐題提供幼兒進食的發展，以了解兒童之進食困難。依文獻探討，一般幼兒進食能力已在二歲即發展完成，本向度主要給有問題的兒童了解進食困難所在。因此本檢核表評分者間之信度考驗以向度一與三為主，說明如下。

向度一：頭、臉部和口腔構造與功能

本檢核表評分者間信度之取樣對象為參與本檢核表編製之個案，依題項個別檢核，同時同步錄影記錄。接著由另一位編製者根據錄影內容獨立檢核計分；並計算評分者間一致性檢核信度。三歲組共有16位兒童，四歲組共有 15 位兒童，五歲組共有 17 位兒童參與檢核。結果顯示在三歲組評量結果一致的人數為14 位，信度為.88；四歲組評量一致的人數為 13 位兒童，信度為.87；五歲組評量一致的人數為 13 位，信度為.76。總之，評分者間信度在全體兒童約.83，為可以接受的標準。

向度三：口腔動作控制

　　共 20 題，分為兩小部分：向度三（1）共 11 題，主要在口腔動作模仿活動中，直接檢核兒童口腔動作能力表現。檢核內容包括：模仿唇齒、咳嗽／清喉嚨、雙唇、臉頰、舌頭等動作。向度三（2）共 9 題，評估內容包含：維持發母音「ㄚ」之秒數、10 秒內雙唇確實做出「ㄧ、ㄨ」之次數，以及 10 或 20 秒內正確發出「ㄆㄚ」、「ㄊㄚ」、「ㄎㄚ」、「ㄅㄚㄆㄚ」、「ㄅㄚㄊㄚ」、「ㄍㄚㄎㄚ」、「ㄆㄚㄊㄚㄎㄚ」之次數等與口腔動作控制表現速度有關。評分者間信度之分析結果說明如下：向度三（1）共 11 題，兩位評分者檢核結果相差在一題為可以接受範圍時，三歲組共有 15 位兒童在不同評分者評分之下有可接受之相同結果，評分者間信度為 .94；四歲組共有 14 位兒童在不同評分者評分之下有可接受之相同結果，評分者間信度為 .93；五歲組共有 16 位兒童在不同評分者評分之下有可接受之相同結果，評分者間信度為 .94。全體之評分者間信度為 .94，為可接受的標準。

　　向度三（2）共 9 題，兩位評分者檢核結果相差在一題為可以接受範圍時（人為操作碼表極易有秒差），三歲組共有 15 位兒童在不同評分者評分之下有可接受之相同結果，評分者間信度為 .94；四歲組全部 15 位兒童在不同評分者評分之下均有可接受之相同結果，評分者間信度為 1.0；五歲組全部 17 位兒童在不同評分者評分之下均有可接受之相同結果，評分者間信度為 1.0。全體之評分者間信度為 .98，具有相當一致的標準。

參考文獻

中文部分

王南梅、陳雅資、黃婷群（譯）（2007）。運動性言語障礙診斷與治療（原作者 D. B. Freed）。臺北：湯姆生。（原著出版年：2000）

李淑娥（1998）。構音異常／音韻異常的診斷與矯治。屏東：屏東師院特殊教育中心。

李廣韻（2007）。唐氏症兒童音韻覺識構音音韻與口腔動作能力之研究（未出版之博士論文）。臺北市立教育大學，臺北。

邱千綺（2013）。四到六歲構音障礙兒童口腔動作和動作表現相關性（未出版之碩士論文）。國立臺中教育大學，臺中。

林珮瑜、何恬、李芳宜、林香均、李沛群、蔡昆憲（譯）（2006）。言語科學－理論與臨床應用。（原作者：C. T. Ferrand）。臺北：心理。（原著出版年：2001）

高惠美（2007）。比較使用圓形及十字孔奶嘴於慢性肺疾病早產兒之餵食成效、口腔動作協調性及生理之影響（未出版之碩士論文）。國立成功大學，臺南。

張筱君（2009）。中文版三至六歲兒童口語動作評估量表之編製研究（未出版之碩士論文）。國立臺中教育大學，臺中。

黃瑞珍、郭于靚（審閱）（2008）。語言治療評估指引。臺北：心理。

廖華芳（2004）。小兒物理治療學。臺北：禾楓。

蔣孝玉（2005）。兒童口腔動作檢核表編製之研究（未出版之碩士論

文）。臺北市立師範學院，臺北。

鄭靜宜（2013）。話在心‧口難言：運動性言語障礙的理論與實務。臺北：心理。

歐陽來祥（編著）、劉欣怡（整理）（2008）。吞嚥困難評估和治療－臨床實用手冊。臺北：心理。

賴佩汝（2013）。學前幼兒口腔輪替任務表現之探討（未出版之碩士論文）。國立臺北護理健康大學，臺北。

賴湘君（1987）。構音異常。臺灣聽力語言學會雜誌，**4**，69-73。

羅羿翾（2010）。口腔動作訓練及傳統構音治療對提升學齡前構音異常兒童口語清晰度之研究（未出版之碩士論文）。臺北市立教育大學，臺北。

英文部分

Alcock, K. (2006). The development of oral motor control and language. *Down Syndrome Research and Practice, 11*(1), 1-8.

American Speech-Language-Hearing Association. (2016). *Motor speech disorders evaluation*. Retrieved from http://www.asha.org/uploadedFiles/slp/health-care/AATMotorSpeech.pdf

Arvedson, J. C., & Lefton-Greif, M. A. (1996). *Anatomy, physiology, and development of feeding*. Paper presented at the Seminars in speech and language.

Bahr, D. C., & Hillis, A. E. (2001). *Oral motor assessment and treatment: Ages and stages*. Boston, MA: Allyn & Bacon.

Boehme, R. (1990). *The hypotonic child: Treatment for postural control, endurance, strength, and sensory organization.* Tucson, AZ: Therapy Skill Builders.

Braun, M. A., & Palmer, M. M. (1986). A pilot study of oral-motor dysfunction in "at-risk" infants. *Physical & Occupational Therapy in Pediatrics, 5*(4), 13-25.

Case-Smith, J., & Humphry, R. (1996). Feeding and oral motor skills. In J. Case-Smith, A. S. Allen, & P. N. Pratt (Eds.), *Occupational therapy for children* (3rd ed.). St. Louis, MO: Mosby.

Duffy, J. R. (2012). *Motor speech disorders: Substrates, differential diagnosis, and management.* St. Louis, MO: Elsevier.

Forrest, K. (2002). Are oral-motor exercises useful in the treatment of phonological/articulatory disorder? *Seminars in Speech and Language, 23*, 15-23.

Freed, D. B. (2000). *Motor speech disorders: Diagnosis and treatment.* San Diego, CA: Singular Thomson Learning.

Gironda, F., Musayeva, S., & Fabus, R. (2012). Assessment of the oral-peripheral speech mechanism. In C. Stein-Rubin & R. Fabus (Eds.), *A guide to clinical assessment and professional report writing in speech-language pathology* (pp. 117-138). Clifton Park, NY: Delmar Learning.

Glass, R. P., & Wolf, L. S. (1998). Feeding and oral motor skill. In J. Case-Smith (Ed.), *Pediatric occupational therapy and early intervention* (2nd ed., pp. 127-165). Boston, MA: Buttereorth-Heinemann.

Hall, P. K. (2002). The oral mechanism. In J. B. Tomblin, H. L. Morris, & D. C. Spriestersbach (Eds.), *Diagnosis in speech-language pathology* (2nd ed., pp. 91-123). Clifton Park, NY: Delmar Learning.

Hayden, D., & Square, P. (1999). *Verbal motor production assessment for children.* San Antonio, TX: The Psychological Corporation.

Jelm, J. M. (1990). *Oral-motor/feeding rating scale.* Tucson, AZ: Therapy Skill

Builders.

Jones, M. D., Gleason, C. A., & Lipstein, S. U. (Eds.). (1991). *Hospital care of the recovering NICU infant*. Baltimore, MD: Williams & Wilkins.

Kent, R. D. (1999). Motor control: Neurophysiology and functional development. In A. J. Caruso & E. A. Strand (Eds.), *Clinical management of motor speech disorders in children* (pp.29-71). New York, NY: Thieme.

Lange, B., Cook, C., Dunning, D., Froeschle, M. L., & Kent, D. (1999). Improving the oral hygiene of institutionalized mentally retarded clients. *Journal of dental hygiene, 74*(3), 205-209.

Lass, N. J., & Pannbacker, M. (2008). The application of evidence-based practice to nonspeech oral motor treatments. *Language, Speech, and Hearing Services in Schools, 39*, 408-421.

Lass, N., Pannbacker, M., Carroll, A., & Fox, J. (2006). *Speech-language pathologists' use of oral motor treatment*. Annual Convention of the American Speech-Language-Hearing Association, Miami Beach, Florida

Lof, G. L., & Watson, M. M. (2008). A nationwide survey of nonspeech oral motor exercise use: Implications for evidence-base practice. *Language, Speech, and Hearing Services in Schools, 39*, 392-407.

Mclaughlin, S. (1998). *Introduction to language development*. San Diego, CA: Delmar.

Morris, S. E., & Klein, M. D. (2000). *Per-feeding skills: A comprehensive resource for mealtime development* (2nd ed.). San Antonio, TX: Therapy Skill Builders.

Nimisha, M., Katie, G., & Tim, B. (2011). Clinical and research perspectives on nonspeech oral motor teatments and evidence-based practice. *American Journal of Speech-Language Pathology, 20*, 47-59.

Paul, R., & Norbury, C. F. (2012). *Language disorders from infancy through adolescence listening, speaking, reading, writing, and communication* (4th ed.). St. Louis, MO: Elsevier.

Powell, T. W. (2008). The use of nonspeech oral motor treatments for development speech sound production disorder: Interventions and interactions. *Language, Speech, and Hearing Services in Schools, 39*, 374-379.

Ray, J. (2003). Effect of orofacial myofunctional therapy on speech intelligibility in individuals with persistent articulatory impairments. *International Journal of Orofacial Myology, 29*, 5-14.

Redstone, F. (1991). Respiratory components of communication. In M. B. Langley & L. J. Lombardino (Eds.), *Neurodevelopment strategies for managing communications disorder in children with severe motor dysfunction* (pp. 29-48). Austin, TX: Pro-Ed.

Reilly, S., Skuse, D., & Wolke, D. (2000). *Schedule for oral-motor assessment.* London, UK: Whurr.

Ruscello, D. M. (2008). Nonspeech oral motor treatment issues related to children with developmental speech sound disorder. *Language, Speech, and Hearing Services in Schools, 39*, 380-391.

Seikel, J. A., King, D. W., & Drumright, D. G. (1997). *Anatomy and physiology for speech and language.* San Diego, CA: Singular Publishing Group.

Shipley, K. G., & McAfee, J. G. (2009). *Assessment in speech-language pathology: A resource manual* (4th ed.). New York, NY: Delmar Cengage Learning.

Strode, R., & Chamberlain, C. (1997). *Easy does it for articulation: An oral motor approach.* East Moline, IL: LinguiSystems.

Williams, P., & Stackhouse, J. (2000). Rate, accuracy and consistency: Diadochokinetic performance of young, normally developing children. *Clinical Linguistics & Phonetics, 14*(4), 267-293.

Yaruss, J. S., & Logan, K. J. (2002). Evaluating rate, accuracy, and fluency of young children's diadochokinetic productions: A preliminary investigation. *Journal of Fluency Disorders, 27*, 65-86.

國家圖書館出版品預行編目（CIP）資料

華語兒童口腔動作檢核表：指導手冊 / 黃瑞珍等編製.
-- 初版. -- 新北市：心理，2017.09
面；　公分. --（溝通障礙系列；65032）
ISBN 978-986-191-785-6（平裝）

1.語言障礙教育　2.評定量表

529.63　　　　　　　　　　　　　　106015331

溝通障礙系列 65032

華語兒童口腔動作檢核表：指導手冊

~~~~~~

編 製 者：黃瑞珍、蔣孝玉、羅羿翾、曾尹霆、陳嘉玲

執行編輯：何維榆

總 編 輯：林敬堯

發 行 人：洪有義

出 版 者：心理出版社股份有限公司

地　　址：231026 新北市新店區光明街 288 號 7 樓

電　　話：(02) 29150566

傳　　真：(02) 29152928

郵撥帳號：19293172 心理出版社股份有限公司

網　　址：https://www.psy.com.tw

電子信箱：psychoco@ms15.hinet.net

排 版 者：辰皓國際出版製作有限公司

印 刷 者：昕皇企業有限公司

初版一刷：2017 年 9 月

初版二刷：2021 年 8 月

Ｉ Ｓ Ｂ Ｎ：978-986-191-785-6

定　　價：新台幣 200 元

~~~~~~